なまなりさん

JN104012

中山市朗

角川ホラー文庫
23473

目次

プロローグ

東京駅八重洲《やえす》の地下出口を出たすぐの喫茶店に、その男は待ち合わせ時間きっかりに姿を現した。

「しばらくです」

握手を求めて手を差し出した彼の姿は、すっかり別人に見えた。

あの精悍《せいかん》な佇《たたず》まいはすっかり消え失《う》せ、小さく見える。頬もげっそりと落ちこんでいたが、目の奥の光だけは変わっていなかった。いや、顔が引き締まった分、目は以前より恐ろしいほどに鋭く見える。

「お痩《や》せになりましたねえ」

その手を握って、私はそう挨拶《あいさつ》した。

「約十五キロ落ちましたよ。まあ、いろいろありましたからねえ。いまはもう何もかもなくして、裸一貫、友達の家の四帖半《よじょうはん》一間に居候《いそうろう》しているようなありさまです」

「足、どうされましたか？」

彼が喫茶店に入ってきたとき、左足を引きずるように歩いていたのを見たからだ。

「沖縄ですよ……。この夏に台風がきて、沖縄のあちこちで土砂崩れがあったってニュース、ご覧になったでしょう。あれです。あれにのみ込まれたのです。いや、正直あのときばかりはもう死んだと思いました。土砂がドッと押し寄せてきて、気づいたら実家ごと埋まっていました。そのとき、私の実家と財産は全部流されてしまって。幸い身体の方は足を怪我しただけで、命だけはこのように助かりましたがね……。そうだ、ずっとお約束していた〝なまなりさん〟に関する資料や、当時の日記なんかも、土砂ごと流されてしまいました。すみません……」

「奥さんは、お元気ですか」

「離《わか》れました」

えっ、まだ新婚一年、あれほど仲睦《なかむつ》まじかった奥さんと、なぜ？

そう質問しようとしたが、そこには、触れてはならない何かがあるように思え、ためらった。が、その心中を察したかのように彼の方から、切り出した。

「あまりにも、いろいろなことが短期間に重なりましたから……。耐えられなかったんですよ。あいつも……。会社、財産、実家、それに人も、希望も、何もかもを失いましたからね。東京のマンションや車、そのほか残ったわずかな財産は、みんな慰謝料代わりにくれてやりました。その方がお互いのためなんですよ……」

「……伊東《いとう》さん、あれから、何があったのですか？」

伊東氏との最初の出会いは、その一年半ほど前のことであった。

ある人物から、新しく雑誌を創刊することになったので、その内容について相談に乗ってほしいと頼まれ、大阪の梅田《うめだ》で待ち合わせをした。そのとき、東京から来たという伊東氏を紹介されたのだ。

企画・演出・プロデューサーという肩書きであった。

「伊東礼二《れいじ》です」と、握手を求められ驚いた。

その顔立ちが日本人には見えないからだ。

鋭く光る青い目、高い鼻、大きな口、身体の骨格も日本人離れした五十代半ばのその男は、どう見ても外国映画で観るイタリアン・マフィアのドンであった。その白人男性が日本人の名であることに違和感を抱いたのである。

「あの、失礼ですがご出身は」

私がそう尋ねると、男は流暢《りゅうちょう》な日本語でこう応《こた》えた。

「私は沖縄の出身で、父がアメリカ人なのです。実は最初、アメリカ国籍でしてね、湾岸戦争では海兵隊として出兵したんです。後に日本国籍を取得しました」

その精悍な雰囲気は、海兵隊の訓練の賜物《たまもの》だったのかと納得した。そして、話をしていると、たまに出る江戸っ子調の癖のある言葉遣いは、ある落語家から日本語を教えてもらったからだと聞かされた。話が巧《うま》いのもそのせいかと、後で実感することになる。

「伊東さんは、タイマシでもあるんです」と、彼を紹介してくれた人物は言う。

「タイマシ？」

「魔を退ける、と書いて退魔師です」と伊東氏は言う。

「それはなんですか？」

「要は除霊師ですよ。正式に言うと琉球金剛院正一位法会《りゅうきゅうこんごういんしょういちいほうえ》師《し》というんです」

「琉球金剛院……？」

「実は、私の母方の祖先を辿《たど》って行くと、琉球王朝の血統と関係してくるんです。私の祖先は王朝に仕えたシャーマンだった。その先祖の血を受け継いだんです」

「でも、アメリカ人で海兵隊出身だったあなたが、どうして、琉球金剛院などという修行を？」

「アメリカ人だった頃の私は、神だの仏だの、除霊だの法会だの、そういう日本の民間信仰や宗教のことなんて、知ろうともしませんでしたし、まったく信じてもいませんでした。関心もなかったですし……。ところが、湾岸戦争で、胸に弾を受けて死にかけました。臨死体験という言葉がありますが、あれですよ。そして息を吹き返したら、なんだか妙な感覚が働くようになっていたんです……。友人を見ていても『お前、一週間後に交通事故に遭うぜ』と口走ってしまう。そしてそれがその通りになるのです。三日後に死ぬな、ふとそう思うと、その通りになる。一緒に飲んでいても友達も気味悪がりだして、そのうち、一緒に飲んでくれなくなったりしました。

まあそんな力が身についていたんです。なんだこれは、と驚いたのは誰よりも自分自身でしてね。何かが身体の中に入ってきた感覚です。それで、沖縄の金剛院の僧侶《そうりょ》に相談してみました。すると、答えは山の中にある、と言われて、言葉通り金剛院の山に籠《こも》って一ヶ月ほど修行しました。そしたら、空気の流れが読める、敏感になる。草木のざわめきや、目に見えないモノを感じることができるようになったのです。これは、理屈じゃありません。体感ですよ。そうすると経文の意味がわかってきた。だから読めるようにもなる。身体の中に経文が染み込むようになったんです。

その頃でした。母方に琉球王朝のシャーマンの血が流れているのを知ったのは。私はそこから日本国籍を取得して、本格的に、退魔師としての修行をしました。法名は、慈雲《じうん》と言います。それが宿命だと思って……」

……不思議な人だ。

見かけも、言うことも。

私は怪談の蒐集《しゅうしゅう》はしても、あまり霊能者のことはわからない。

だから正直、このときはあまり関わらない方がいいかな、とも思った。

そして、その日はそれ以上の言葉を伊東氏と交わすこともなく、ただ、新しく発刊されるという雑誌の紙面についてのアドバイスを、依頼主にしただけであった。ただその間ずっと、伊東氏は私を見ていた。

そのときは、それだけのことだった。


ところが、それから一ケ月ほどたって、伊東氏から電話があったのだ。

「ホラーの劇場用映画を製作することになったのですが、監修をお願いできませんか？」という。

「えっ、私が……なぜ？」というのが正直なところだった。

「あなたのこと、あれから調べさせていただきました。それでお電話さしあげたんです。ホラー映画といってもスプラッターやサプライズ的な手法はとりたくありません。CGを使った幽霊も出したくない。私は、あったことを、できればそのまま忠実に映像化したい。そう思ってご協力を願うわけです。実はずっと、怪談のエキスパートを捜していたのです。それであのとき、大阪へお邪魔していたわけです」

つまり私は検分《けんぶん》されていたわけだ。それであの場に伊東氏がいた理由もわかった。

「で、そのホラー映画とは？」

「タイトルは決まっているんです。『なまなりさん』といいます」

「なまなりさん？　なんですか。それ」

「怨霊《おんりょう》です。生霊《いきりょう》、かもしれない……。説明はちょっと難しいし、扱いを間違うと大変恐ろしいことになる。だから、この題材を扱えるのは、正直、あなたしかいないと思うんです」

「恐ろしいことになる？　怨霊が、ですか？」

「ええ、これは新潟県の怨霊です」

「新潟県？」

「怨霊、生霊のことをそう呼ぶんです」

「なまなりさん？」

「そうです」

「伊東さんはさっき、あったことを忠実に、とおっしゃいましたね。その題材には、体験者が存在しているのですか？」

「体験者は、ある意味私といえるかもしれません」

「ご自身が？　それはどういう」

「それは……お電話でお話しできるような簡単なものではありません。いま、シナリオを作成中なので、それが上がったらさっそく資料なども添付して、お送りしますよ」

怪異譚の蒐集と、霊を認めることとは違う。ましてや怨霊が実在するなんて……。

その疑問を、私は正直に尋ねた。

それには伊東氏はこう答えた。

「私は退魔師です。しかし、こう言うと妙に思われるかもしれませんが、もともと霊に関して否定の立場をとってました。そんなもんねぇよってね。退魔師になってから相談を受けた人たちも、たいていは思い込みや精神的なものでした。ましてや、怨霊なんてない、だから安心してください。というのが私の退魔師としての仕事だと思っていたのです。しかしね、あの体験をしてから考えが変わってしまいました。あんなことを実際に目の当たりにして、なおかつ怨霊などないと言い切れる人はいないでしょう……。それに、ビデオにも撮ってあるんですよ」

「えっ、ビデオに？」

「ええ……。いや、ともかくシナリオと一緒に、そのビデオや当時私のつけていた日記類などもありますから、ご要望ならば全部お見せします。それを見ていただくと、なまなりさんがどういうものなのか、わかっていただけることでしょう。それから判断してくださっても結構です。それと、映画を製作するための会社も立ち上げました。来週の土曜日、会社設立のパーティーがあるんですが、是非お越しください。紹介したいメンバーや出資者もおりますので」

………。

なまなりさん。

不思議なひびきだ。なまなり……聞いたことがある。

そう、能面だ。

〝生成〟と書いて〝なまなり〟と読む。あるいは、〝なりかかり〟ともいう。般若《はんにゃ》になる前の状態を表す怨霊の面であるらしい。

あるいは、〝生霊〟と書いて〝なまなり〟とすることもあるらしい。

怨霊、生霊……。

伊東氏は霊に対して否定論者だと言いながら、それを目の当たりにして考え方が変わったという……。

いったい何を見たというのだ。

そして、ビデオに撮られたものは――。

新潟の怨霊とは――。

怪異蒐集家としての血が騒いだ。

土曜日。私は東京に飛び、会社設立のパーティーに顔を出した。

それは、帝国ホテルの広間を借りきっての立食パーティーだった。

寿司《すし》職人やホテル・レストランのシェフたちが料理を振る舞う屋台が広間の隅にズラリと並び、着飾った男女が立ち並んでいる。

出資者だという企業家や実業家、映画の配給会社、製作会社、出版関係者、役者やプロダクションマネージャーたちが次々と私のところへ名刺を持って挨拶《あいさつ》に来る。その度に、「こちら『なまなりさん』の監修を担当される作家の中山《なかやま》さんです」と、伊東氏の会社の人たちから紹介される。

映画の製作準備は、かなり具体化しているようだった。

だが、私はこの件をまだ正式に受諾したわけではなかった。そもそも、なまなりさんとはなんなのか、具体的な説明はまだ何も受けていなかったからだ。

ただ、やってみたいという気はあった。

私はもうすでに、なまなりさん、という不思議な言霊《ことだま》に魅《ひ》かれていたのである。

設立された会社の代表取締役に就任した伊東氏も、結婚式直前だというフィアンセと共に、満面の笑みで関係者らしき人たちと雑談している。フィアンセは、髪を結いあげた和服美人。歳は三十代半ばであろうか。

「伊東さんのフィアンセって、元銀座《ぎんざ》のホステスでナンバーワンだったんですよ」と、さっき知り合ったばかりの役者さんに耳打ちされた。

映画製作のための資金繰りは順調だと聞く。配給会社もほぼ決まって、テレビ局との提携の話が進行しているようだ。そのテレビ局のプロデューサーとも名刺交換した。

会社そのものも『なまなりさん』以外に数本の映画の企画が準備されていて、なんとハリウッドの製作会社との業務提携を近々結ぶ予定であるとも聞いた。伊東氏はアメリカ軍として徴兵される前、ハリウッド映画の製作にも携わっていたらしいのだ。

パーティーが終わった後、私は伊東氏とその部下だというT氏、音楽家のH氏らと夜の銀座へと繰り出した。

ところがこの後、私から見れば、好調のように思えた伊東氏の運気が、妙な方向へと転がりはじめたのである。

数ケ月後のこと――。
伊東氏の会社が請け負ったCM撮影現場からの帰り道、アシスタントふたりが交通事故死した。ひとりは即死であったという。会社側に直接の落ち度はなかったとはいえ、雇用していたのは伊東氏の会社。彼は、即死した若い男性の北海道の実家に飛び、葬式の場でご両親に詫《わ》びたという。だが、ちょうどその時刻に、重体で病院に運ばれていたもうひとりの男性も、入院先の東京の病院で、息をひきとったのである。伊東氏は、彼の故郷である広島へも飛んだ。

ようやく伊東氏が東京に帰ったその夜、今度は入籍したばかりの妻が突然倒れた。意識不明の重体。どうやら心臓に異常があるようだと診断された。伊東氏は病院での看護につきっきりになり、会社へ顔を出す時間がどうしても少なくなる。その間、会社で横領事件が発覚した。それも留守を任せ、信頼していた社員によるものだった。また、同人物の行動、対応により取引先から不信感を持たれ、幾つかのプロジェクトが凍結してしまった。役員会で伊東氏は責任を問われた。横領をした人物は、伊東氏が若い頃から面倒を見ていた側近であったからだ。

すると今度は、私が監修を依頼されていたホラー映画も、資金源となる会社がライブドア問題が絡んで調達不能となったらしい。そして、もう一つの出資元も、無理な経営が発覚して倒産したらしい。こうして、伊東氏が設立したばかりの会社も、あっという間に閉鎖にまで追い込まれた……。

やがて、伊東氏からの連絡は途絶えた。

映画『なまなりさん』のシナリオも資料も、何一つ私の手元には届かなかった。

だが、それから約半年が過ぎた今年の夏、突然、伊東氏から電話があったのだ。

「いま、沖縄にいます」という。

百歳を過ぎた祖母が亡くなったので、実家に戻っているらしい。東京へ帰る際、大阪へ寄るので一度挨拶に伺いたいという。

「『なまなりさん』は、どうなりました？」

「中山さん。あれはねえ、触っちゃいけないものだったのです。だから、あなたも知らないままの方がいい……」

伊東氏がそう言った直後、フツリと電話が途切れた。

着信したその番号にかけてみたが、以後、ずっと通話中が続いた。

そしてその番号もいつしか、使用されていないという案内に替わった。

その頃だったようだ。伊東氏が土砂にのみこまれ、左足を負傷したのは。携帯電話もそのとき、流されてしまったのだという。

それから約三ケ月ほどたった、ほんの一週間ほど前のこと、伊東氏からまた電話があったのだ。

「携帯電話の番号、替わりましたから」という挨拶だった。

そこで私が喰《くら》いついた。

「伊東さん、なまなりさんのこと、聞かせてください」

しかし伊東氏は「もう、忘れましょう。私はもうあれには関わりたくないんです」と、歯切れが悪い。

「しかし、私はどうしても知りたいのです。なんなら、沖縄でも、東京へでも伺います。一日だけ、空けてもらえませんか」となおも粘った。

するとようやく、伊東氏は承諾した。

「……わかりました。しかしね、話すからには全部話しますよ。もう一度念を押しますが、後悔しませんね。一旦《いったん》これに関わったら、それは、そちらへ行くかもしれませんよ」

「ええ。それも私の仕事ですから」

こうして、ようやくなまなりさんというものについて、知り得る機会ができたのだ。

場所は、東京駅地下八重洲口の某喫茶店。

二〇〇六年十一月二十三日木曜日。

この日を指定したのは私だった。

一日目

健治と沙代子

話の発端は、いまから十年ほど前になります——。
伊東氏の口から、なまなりさんについての全貌《ぜんぼう》が語られはじめた。
これは、二日間にわたって伊東氏が語った〝なまなりさん〟の採録である。

当時、私はフリーでプロデューサー兼ディレクターをやっていましてね、CMやドキュメンタリー、テレビ番組制作、映画製作と、いろいろ関わってきました。
退魔師の仕事ですか？　もちろん依頼があればやっていました。しかし、そのことはあまり公言していなかったので、ほとんどの人が私が退魔師であることを知りませんでした。退魔師というのは、仕事というよりボランティアでやっていましたので、見てくれと言われれば見る、というくらいのもので……。やっぱり本格的に修行された僧侶《そうりょ》の方にはかないませんし、それで食っていくなんて考えもありませんでした。

金剛院の法会師というのはね、正式なお坊さんじゃあないんです。そう……例えば、嫌なことってあるじゃないですか。今日は仕事したくないなあとか、気分のらねえなあ、とか。そんなとき、気分がスッキリする方法を伝授しましょう、というのが仕事です。で、その延長線に除霊がある。まあ、それが退魔師だと思ってください。ただ、心霊モノのビデオ作品なんかはかなり作ってましたね。私にそういう知識があることは、業界では知られていましたから。

それでね——。

私がよくコンビを組んでいた男がいました。健治《けんじ》といいます。腕のいいカメラマンでね。私が作品を撮るときは、ほとんど彼に依頼してました。健治はある映像製作会社に所属していたのですが、私が何か頼みごとをすると、いつもすっとんで来てくれたのです。私のことを「兄貴」と慕ってくれて。

健治は、女の子になぜかモテるんです。

東京芸大の出身でしてね。元々画家を目指していました。だから、カメラに入れ込む画《え》の構図が違う。色彩学もマスターしているので、助かるんです。

当時、二十八歳。身長は一八〇センチのスポーツマンでしてね。空手の道場に通ってました。四段、とか言っていたかな……。居合いの道場にも通ってました。

彼はね、特別ハンサムっていうわけじゃないんです。ただ、朴訥《ぼくとつ》としていて、ちょっといまの男の子たちと違う。恥ずかしがり屋でね、女の子の前では、ちょっとうつむき加減だった印象がある。その伏し目でチラッと見られると、女の子はドキッとするらしいんです。それに礼儀正しくてね、現場でも役者さんやタレントさんからの評判もよかった。普段はおとなしいのに、場を盛り上げる。カラオケなんかにみんなで行くと、ちょっと間ができたり、気まずい雰囲気になったりしますよね。そんなとき、彼は率先してみんなをリードするんです。営業に向いていたのかもしれませんね、彼。でも、歌うとオンチ。そこがまた女の子たちにとってはカワイイ、となるみたいですね……。

でも、健治は堅物《かたぶつ》というか、女の子にフラフラしない。というより照れちゃうみたいで。

またそこが女心をくすぐる……ともかくモテるんです。

ある日のことです。

私たちの製作した映画の打ち上げがありました。自主映画です。それでもみんなで楽しんで撮っていました。カメラマンはもちろん健治でね。

高円寺《こうえんじ》にスナックTというのがあって、ここは、映画や演劇関係者がよく来るお店で、特に私は、ここのママとは親しかったんです。ママは昔、東映映画の女優さんだったんですよ。だから何かあると私の仲間はみんな、この店に自然に集まっていました。ママは業界のノリがわかるし、先輩でもあるので、何かのときに頼りになるし、相談にも乗ってくれる。人脈も広いんですよね。

打ち上げのとき、私は幹事をやっていたもので、みんなよりちょっと早くお店に入って、ママと準備していました。そしたらママが「今日健ちゃん、お友達を連れて来るって」って言うんです。へえ、誰だろ、彼女でもできたのかなって話していた。そしたら、健治が本当に女の子を連れてきたのです。

なんて言うのかな、知的な美人、かもしだす雰囲気が、癒《いや》し系なんですよ。パアッと周りを明るくするような。口の右下に小さなホクロがあって、そこになんか色気がある。白石沙代子《しらいしさよこ》、と紹介されました。二十四歳くらい、だったかな。

「おい、健治、こんな子どこで見つけたんだ」と問い詰めると「実は、同じ空手の道場に通ってる女の子なんですよ」と言いました。そういや見たことがある。健治の試合を見に行ったとき、女子選手にカワイイ子いるね、って仲間たちと見ていた記憶があったのです。「ああ、あの子か」ってね。

この沙代子には逸話があります。見かけはおとなしくって、癒し系ですが、一度地下鉄で痴漢に遭ったとき、痴漢の腕を締め上げて、そのまま駅員に突き出したことがあったらしい。試合でもばっちりキメてましたしね。負けん気がある。

「おい、いい彼女見つけたな」

「いや、まだ彼女というわけでは」

顔を赤らめて言いましたが、沙代子は健治に惚《ほ》れてましたね。いつもそばに寄り添ってて、雰囲気がいい。

そうそう、裁縫道具を持ち歩いてるんです、彼女。バッグの中にいつも忍ばしていて、それで健治の綻《ほころ》びたシャツなどを縫うんです。その度にみんなから「熱いねえ」なんて冷やかされて。でもねえ、ほかのスタッフなんかにも「あら、ここ、ほらあ」って、綻びとかボタンのとれているのを見つけると、さっと縫ってくれる。やっぱり癒しなんだなあ。

でね、けっして男より前には出ない。控えめというか、男を立てるんですね。ちょっと古風な、いい意味での大和撫子《やまとなでしこ》という感じです。

いっぺんにスタッフのアイドルになっちゃった。

この日以来、健治と沙代子がよく一緒にいるのを見るようになったのです。

ロケが終わるでしょ。そしたら、いつの間にやら沙代子が車で健治を迎えにきているんですよ。

健治のいる撮影現場には沙代子が陣中見舞いに来るんです。まあ彼女も渋谷《しぶや》にある、大手生命保険会社で普通のＯＬをやってましたから、日曜とか祝日が多かったんですけどね、差し入れを持って来るんです。でね、このときはちゃんとスタッフの分もある。そりゃあ、みんな喜びますよ。手作りのお弁当でね。たまに男ばっかりの現場があっても、彼女がいると、パッと花が咲いたようになってね。いい娘でした。健治にはもったいない、と言いたいけれど、やっぱり健治にふさわしい。

それから半年ほどして、ふたりは婚約したのです。

両家のご両親にも会って結納《ゆいのう》を交わして、年内には、中野《なかの》の結婚式場で結婚するって報告を受けました。

「おい、年貢の納めどきだな」って、内々でパーティーもやりました。そう、暑い最中《さなか》、七月の中旬、だったでしょうか。

さわやかで、いいカップル。これはふたりとも幸せになるわいと、みんなが思っていました。

鈴江と香奈江

ふたりの婚約を聞いた直後、だったと思います。

その日もスナックTで飲んでいました。健治と沙代子もいてね。

そこに、突然、物凄《ものすご》い美人が入ってきたのです。

しかも、よく似た顔をしたのがもうひとり。まあ、どう見てもこれは双子です。

服装も凄かった。ひとりは純白のドレス、もう片方は深紅のドレス。胸が広く開いていてね、いや、息を呑《の》むとはこのことです。肌もきめ細かくって、抜けるように白い。髪はロングヘアにカールがかかっていた。

沙代子は本当に美人です。しかしね、その沙代子も、このふたりの前では霞《かす》んでしまうほどの美人で、もう完璧《かんぺき》なモデルです。しかも妖艶《ようえん》というか、むせかえる色気というか。思わず見とれてしまうほどの美しさ。身につけている装飾品も誰が見たって高級ブランドものです。別次元の女、そんな感じ。そう、このとき、姉妹のひとりはポルシェ、ひとりはフェラーリに乗っていたようです。

ところが、健治と沙代子はそのふたりを見て、えらく驚いた目をしているのです。特に、あのふたり、なんで来たの？　という沙代子の表情。双子の姉妹も、健治と沙代子が目的で来たようです。ふたりを見て、ニヤッて薄笑いしましたからね。

こいつらが知り合いだということに、私は驚きました。だって、あの姉妹のいる世界と私らのいる世界は明らかに違う。

すると、白いドレスを着た姉妹のひとりがツカツカと沙代子に近づいて「ちょっとこの淫乱女《いんらん》！」と、沙代子の顔に唾《つば》を吐き捨てた。

しかし沙代子も、そこは空手の元選手。負けん気は人一倍強い。頬についたその唾も拭《ふ》かずに仁王立ちになって、その女を睨《にら》んでいる。

瞬間、店は静まり返りました。

だって、沙代子はそんなことをされたり、言われたりするような人物ではない。それはみんなが知っていることでした。

でも、その女は沙代子を見下ろして自信満々の態度で言うんですよ。

「健ちゃんはね、私の男なのよ。なのに婚約って、何よそれ」

すると健治は、沙代子とその女の間に立ちはだかってこう言ったのです。

「おい、ちょっと待てよ。ふたりともここへ何しに来たんだよ。お前たちに、俺と沙代子のことをとやかく言われる筋合いなんてないんだって、何度も言ったろ」

その口調は、非常にクールでね。決して女を罵倒《ばとう》したりしません。

でも女は、その言葉を聞くなり「ウソつき！」と金切り声を上げたかと思うと、ヒステリックに店内で暴れだしました。店が迷惑するので、私は彼女を制止しようとしましたが手がつけられない。するともうひとりの赤いドレスの女が「ちょっとみなさん、この沙代子という女はとんでもない女なのよ。あんなカワイイ顔してても、ほんとは淫乱なのよ。この女はね、カナエの恋人を、卑劣な方法で奪ったのよ。最低の、この世に生きてる価値もない女……。ねえ健ちゃん、どこがいいの、こんな女。きっとさ、だまされてんだよ」と大声で喚《わめ》きます。

そして沙代子にこう言いました。

「あんたさあ、なんでこの世に生まれたの？　なんでいるの？　バッカみたいね。あのね、死んじゃいなよ。健ちゃんのためにも、さあ」

「俺の婚約者に対して、そういう無礼な言葉は許さないぞ。いいからもう、帰ってくれ。さあ早く、帰ってくれ」

健治は大声で女を罵倒するようなことはしない。終始落ち着いています。

「ねえ、健ちゃん、あの夜、妹のカナエと婚約したんでしょ。私も、そこにいたでしょ、ねぇ。あれは、なんだったの」

女は健治には甘えた声を出します。

「あの夜っていつだ？ どこでだ？ 何を思おうがそれは各々勝手だがな、思い込みも度を過ぎると、人に迷惑かけるんだ。お前らちょっと、酷《ひど》すぎるぞ」

「思い込み？ 健ちゃん、それ、そっちこそ酷くない？ そう思わせたのは、どこの、誰よ」

まあ、しばらくそんな問答がありました。女は喧嘩《けんか》腰《ごし》だけど、健治の、あくまで冷静沈着な態度がね……。そこんとこが、ちょっと女の方の計算を狂わせたというか、根負けさせたのでしょうね。

「いいわ。今日は帰ってあげる。健ちゃんを憎んでんじゃないんだから。この女が許せないだけなんだから。さっ、カナエ、行くよ」

そう言うと、赤いドレスの女は、白いドレスを着たカナエという女にボソボソと何やら耳打ちしたのです。するとね、さっきまで取り乱していたカナエはさっと態度を変じましてね、沙代子をキッと睨《にら》んだかと思うと、「あーっははは」と高笑いしました。私にはそのとき、カナエの髪の毛がザワザワっと逆立ったように見えました。

カナエは、お店のボトルやグラス、調度品なんかをかなり壊したので、「これ、迷惑料」って、ひと掴《つか》みのお札をママに渡そうとしていた。

「いらないわよ。さっさと出ていきな！」

ママもそれを投げ返して……。ひらひらお札がお店を舞っていて。

なんだか、凄い光景だった。

双子の美人は、終始お高くとまった感じでした。

「健ちゃんは私のモノだからね。覚えておきなよ」

カナエが捨てゼリフを吐いて、やっと出ていきました。

沙代子は、ふたりが出ていった途端、力が抜けるように席に座り込んでしまった。

そうだ……女が店を出る直前、私と目が合いましてね。

赤いドレスの女です。

まあ、私の風体がこんなだから、目にとまったのでしょう。

女は立ち止まって「あなた、名前は？」って聞きました。

「礼二だ」

「レイジ？　あなた日本人なの？　ふうん」

そう言って出ていった。

その態度にムカつきましたね。

「健治、なんだ、あの女は」

すると健治は沙代子の肩をそっと抱きながら言うんです。

「モデルですよ。最近Aオフィスに所属したばかりの新人です。一ヶ月ほど前になるんですけど、ある撮影で彼女らが、モデルとして現れたんです。それでプロモーションビデオとか何本かの撮影を自分が担当しました。でも、それだけです。自分はあの姉妹とはプライベートを過ごしたこともないし、何を言われる筋合いもない。沙代子に隠し立てするようなことも何もありません」

すると沙代子は肩を震わせながら「うん、わかってる」と頷《うなず》いていました。沙代子も健治のことを信頼しきっているんですね。

それっきり、その場ではその姉妹について、ふたりとも何も言いませんでした。また、私らもそれ以上は聞けない……。

ところがね、その一件があってから、なんだか健治と沙代子の表情が暗くなってきました。いつも一緒に寄り添って、結納も交わして、年内には結婚式という誰が見てもうらやむカップル。幸せの絶頂でしょう？　なのに、ふたりに陰があるのです。何か引っ掛かるものがある。

それで気づきましたが、何度か健治が携帯電話で話をしているところを聞いたことがあります。

「俺が沙代子と結婚することを、君たちにとやかく言われる筋合いはない」とか「今度、沙代子に妙なことしたら承知しないからな」なんてね。

ちょっと気になったので「誰から？」と聞いても話してくれない。でも、あれはあの姉妹と電話していたのだなと、このときわかった。沙代子との電話でも「俺、やましいことは絶対してないからな……」、兄貴からも言ってやってくださいよ」そう言われて、私が電話を代わったこともありましたよ。

ある日ね、仕事で健治がミスをしました。それがね、彼ではありえないミス。しかも同じミスを繰り返すんです。集中力がないんですね。

「おい、何やってんだ！」と、私が怒鳴ると、ハッとした表情をして「すみません」と謝るのですが、やっぱり何かおかしい。

「お前、最近悩みあるのか、あったら相談してみろ」と言っても「なんでもないですよ、やだなあ」とつっぱねられる。

でもね、原因はあの姉妹だな、と私には思えたので、少し調べてみました。

双子の名前は島本鈴江《しまもとすずえ》と香奈江《かなえ》。二十三歳。

モデルでの登録は別名でしたけど、鈴江が姉で香奈江が妹です。

年齢は二十六、七歳かと思っていました。それほど大人の色気が漂ってましたから。ふたりの見分けは、外見上ではほとんど無理なほどそっくりなのですが、その区別をつけるためなのか、それともふたりのポリシーなのか、プライベートでもモデルの仕事の上でも、鈴江は赤、香奈江は白を基調とした洋服や装飾品を身につけていました。

つまりあのとき、私の名前を尋ねた赤いドレスを着た方が鈴江、白い方が香奈江だったのです。でも、私にはふたりの見分けがついてました。鈴江の顔には険がある。ちょっと目つきがキツいというか。

ふたりのことを知るにはそんなに手間はかかりませんでした。なにせ絶世の双子美女ですから、目立つわけです。あちこちで浮名を流していたんですね。赤坂《あかさか》のディスコではかなり有名で、男漁《あさ》りをしているって。でもね、ふたり一緒では遊ばない。別々に行動して、連絡を密に取り合っている。狙った男は絶対に自分のものにして、姉妹で交換したりしているらしい。気に入った男がいれば、なんでも超一流のものを味わわせて、そのお金は全部彼女らが出す。男には一切お金は払わせない。ここが落とし所らしいのです。オーロラが見たくなったわ、と言っては男を連れてアラスカへ行く。その旅費などを全部出すんです。

そしてね、飽きた男は平気で捨てる。でもこのときには高級車なんかも平気でくれてやります。その方が後腐れがないと言ってね。新宿《しんじゅく》のホストの間でも有名でしてね。あの姉妹に気に入られたら絶対出世するとか。まあ、そういう金の使い方ですから、ホストにはチヤホヤされたんでしょうね。ところが健治は落とせなかったのです。初めて男に振られたのかもしれません。だからあんな行動をとったのだろうと思うんです。

島本姉妹の本籍は新潟県A市。いまは、M市になってます。家は資産家で、ふたりは大学に通うために上京してきましたが、一年もたたないうちに、ふたりとも退学しています。飽きちゃったって理由で。

その直後には、ふたりでクイーンエリザベス号で世界一周しています。何かのミスコンにも選ばれたことがあるみたいですけど、興味がないって辞退している。

そしていまはモデルをやっている。でもモデルも姉妹からすれば、単なる遊びです。あれだけの容姿でしたから、芸能界からのスカウトも相当にあったそうですが……。興味がないからと、全部断っていたらしい。本当に自由で気ままな暮らしをしていたのです。新宿の中央公園近くの高級マンションに親からの援助で生活していて、お金には困っていない。でも、この頃はよっぽど退屈していたのでしょう。街でふたり同時にスカウトされて、気紛れでAオフィスとモデル契約したようなんです。そして現場で、健治と知り合った。どうもそれ以降、島本姉妹の撮影のときは、Aオフィスからの要望で、健治が指名されたらしい。これはまあ多分、姉妹の指示でしょう。健治も仕事だからそれを受けていたのです。でも、そこからはわからない。男と女のことですから。何かあったのかもしれないし、なかったかもしれない。ただ、言えることは健治は沙代子を本当に愛しているし、浮気心を持つような男じゃない。まあ、プライベートは私の知るかぎりでは沙代子とずっと一緒だったはずです。でも男だったらあの姉妹に口説かれて、はたして撥ねのけられるのかどうか、ちょっとなんとも言えませんがね……。

そう……一度、私はその姉妹に誘われて飲みにいったことがあったんです。あの日から一週間ほどたった夜かな、私の携帯になぜか鈴江から連絡があって。「礼二さん、あのときの双子の姉です。この前はお見苦しいところをお見せしまして。いま、六本木《ろっぽんぎ》にいます。妹の香奈江も一緒です。タクシー代を持ちますから、いまからお越しいただけませんか。お話ししたいこともありますので」

あのときとは違って、どこかしおらしい。

私はそのとき、千葉県の市川《いちかわ》に住んでたので「時間かかるよ」と言ったら「待ってますから」と、お店の名前と連絡先を教えてくれました。健治の件もあるし、正直絶世のセレブの美女姉妹ですからね、いろいろな意味で興味があります。

いやあ、驚きました。店一軒を借り切っている。

ボーイフレンドというより召使いみたいな男が十数人。なかにはディカプリオみたいなのとか、数人の外国人男性もいました。姉妹は、はじめに会ったときより一層華やかでしたね。男たちにちやほやされて、まるで女王様です。鈴江は身体にピタリとフィットした赤いミニのボディスーツのような大胆な格好、香奈江はまったく同じ形の白を着ていました。

このときはね、健治の話はあまりしなかった。まあ、健ちゃんとは古いんですか、とか、どんな仕事をしたのですかという月並みな話くらいで。

ただ、私のことを「礼さん」って呼んで、どこで調べたのか「退魔師って何するの」だなんて、興味深そうに聞いてくるんです。だから怨霊《おんりょう》退治をするんだよって、教えてみたら「ふう―ん、怨霊なんているんですか」なんて訝《いぶか》しんでいる。

だから、お前らみたいな女のことだよ、と言ったら「ふふふっ」って笑うんですよ。

後で考えたら、このときに気づけばよかったのです。

まだわかりませんでした……。

このときはただ、姉妹の金の使い方に興味がいっちゃって。

「彼女らはいつもこうなの？」とマスターに聞くと「ええ、そうです」と言う。

ちょっとその態度が冷たかったので、姉妹についていろいろと聞いてみたけど「まあ、うちは、商売で貸してるだけなので」とそっけなく返された。

あんまり、評判はよくなかったのでしょう。

田舎の成り上がり者、そんな印象を持たれていたみたいですね。

そういえば、こんなことも言ってました。

退魔師のこともそうだけど、なんで俺の携帯番号まで知ってるんだってふたりに聞きました。

「私ね、小さい頃から憧《あこが》れていたものがあるの。なんだと思う？」

そう言う鈴江に向かって、「そんなの知らねえよ」と突き放すと——。

「探偵」と答えました。

いじめ

ある仕事の打ち合わせで、健治のいる会社に行ったときです。驚きました。

あの双子の姉妹が、そこにいるのです。

「あら、礼さん、いらっしゃい」とお茶を持ってきてくれた。

どうやらこの会社で事務をやっているらしい。

地味なスーツにタイトスカート。

頭に赤いカチューシャをつけているのが鈴江、白いリボンで後ろ髪を括《くく》っているのが香奈江だとすぐにわかりました。

「おい、あのふたり……」

私が言いかけると「そうなんです。実は、うちの社長が雇ったのです」と健治が頭を掻《か》く。

「どうして……。モデルは？」

「興味がなくなったらしくて、さっさと辞めたようです。それから、うちの社長のところに、雇ってくれないかという電話があったそうです。どういういきさつがあったかは自分も知りませんが、四、五日ほど前のことです。うちの事務員になったからって挨拶《あいさつ》されまして……」

「目当てはお前じゃねえか」

「そう……思います。でも、自分は何もできないじゃないですか」

まあ、あの姉妹は生活に困って働いているわけじゃないので、そこは気ままなわけです。多分、社長は色じかけにヤラれちゃったんじゃないですか。でも、なんだってこんなことまでして健治につきまとうのか、女の考えていることはわからない。

これは何度目かの、打ち合わせのときのことです。

ふと、事務室の様子が会議室から見えた。香奈江が窓際に立って外を眺めているんですよ。なんか、胸騒ぎがしましてね、ちらちらと気にして見ていたら、香奈江が何かを見たのでしょう、ニヤリと笑ったんです。そして、仕事をしていた鈴江に目配せをすると、ふたり一緒にオフィスを出ていきました。

何か悪い予感がしました……。

しばらくして外から女の悲鳴が響いてきたのです。ハッとして私と健治は同時に立ち上がりました。そして急いで外に出ました。

会社の前の駐車場に、沙代子の車が停まっていました。

その横に、鈴江と香奈江が立っている。

それを見た瞬間、なぜかゾッとするものが背中を走って……。

「沙代子！」

血相を変えて、健治は彼女の車へ走っていく。

「健ちゃん、助けて」という沙代子の悲鳴に近い声が、車の中から聞こえました。

その様子を双子がニヤニヤ笑いながら見ている。

私も車の中を覗《のぞ》き込むと、健治が沙代子を庇《かば》うように抱きながら叫びました。

「兄貴、救急車呼んでください、早く」

すぐに携帯電話で一一九番を呼び出しました。

「何があったんだ」

健治に聞くと、あのふたりに塩酸をかけられたらしいというのです。

「塩酸だと！」

姉妹を見ると、足早に会社のビルへ入っていくところでした。

私はすぐに彼女らを追いかけ、廊下で捕まえて問い質《ただ》しました。

そしたら、「あら、わざとじゃないわよ。つまずいたの、仕方ないじゃないの」と、平然とした態度で言い放ちます。

「つまずいた？　嘘つくんじゃねえよ。あんな駐車場で何につまずくんだ」

「だって、つまずいたのよ本当に。ねえお姉ちゃん」

「そう。私が証人」

「塩酸をかけられたって、沙代ちゃん言ってるぞ」

「塩酸？　なんのこと。ちょっと礼さん、変な言い掛かりはやめてよね」

タチが悪すぎる。

まあ、沙代子は大怪我にはならなくて、でも手の甲に少し、火傷《やけど》の跡が残った。話を聞くと、沙代子はいつものように健治を迎えに来たらしいのです。姉妹はそれを察知して、先回りしたのでしょう。沙代子が駐車場に車を停めて、シートベルトを外そうとしていたら、コンコン、とサイドガラスをノックされた。見ると姉妹が沙代子を覗き込んで、窓を開くようジェスチャーしている。あんまり、関わりたくなかったけども、まあ、ここは会社の敷地内だしと思って、ドアのガラスを下ろした。その途端、小さな瓶から液体が顔をめがけて飛んでくるのが見えたので、とっさに手で顔を被《おお》って後方に身をかわしたというのです。それで軽傷で済んだ……。空手で鍛えた敏捷性《びんしょう》が役立ったのです。

まあ、本来なら警察沙汰《ざた》にするところでしたが、社内の人間相手に大きな問題を起こすわけにもいきません。たとえ、あのふたりを傷害罪に問うことができたとしても、不祥事を起こしたことで会社のイメージが落ちてしまい、そうなっては健治もただでは済まない……。

しかし、塩酸で恋仇《こいがたき》の顔を焼こうというあの姉妹の行動は、ちょっと……。ともかく、鈴江と香奈江が健治の会社に入ったのは、健治の行動の監視と、沙代子への嫌がらせのためだったとわかりました。もの凄《すご》い嫉妬《しっと》心というか執着心というか……怖いですよ。こういう女の心理。

だからといって、健治にあのふたりを辞めさせる権限はないし、健治が会社を辞めるわけにもいかない。フリーのカメラマンとして生きていけるだけの腕はあっても、独立するにはいろいろ準備もあるし、契約も、仕事のスケジュールもある。そこは責任感のある男でしたから。あの姉妹とはえらい違いです。

とりあえず、沙代子には当分、会社には近づかないようにと私も注意しました。それからは、沙代子が仕事場に健治を迎えに来ることはなくなりました。

その後、ちょっと仕事の関係で健治たちとは会えなくなったのです。というのも、一ケ月ほどの海外ロケが入ったのです。日本を離れているあいだも、やっぱりふたりのことが心配でしたから、なるべく国際電話をするようにしていました。その度にふたりとも、「別に心配はいりません、ふたりで幸せにやっています」とまあ落ち着いているようなので、ひと安心していたんです。

久しぶりに日本に帰ってふたりに会ったら、心なしかふたりともちょっとやつれた印象を受けました。

沙代子も、それまでの溌剌《はつらつ》としたものが消えている。暗いんです。いや、私の前ではいつもの笑顔を見せてくれましたけど。それは、心配をかけたくないというけなげなポーズだと、私にはわかりました。だから、そこはあえて追及しなかったのです。

ただ、あの姉妹はどうしているかと聞くと、実は一週間ほど前、ふたりとも会社を突然辞めたというんです。

へえ、そうなのか、と私も言っただけで、それ以上のことは聞かなかったし、健治も言いたくないし関わりたくない、そんな風でした。

でも、何かあの姉妹の影がふたりの背後にある。これはひしひしと感じました。

——そんなある日の早朝、四時頃のことです。

健治から電話がありました。

「ちょっと来てください」

電話口の様子がおかしい。こんな時間に、というのも珍しい。

「どうした？」

「いま、沙代子の部屋の前なんですが……怖くて入れないんです」

怖い？　何が？

「とにかく来てもらえませんか」

慌てて渋谷の沙代子のアパートへ車を飛ばしました。

着くと、アパートの前にふたりが肩を寄せ合ってしゃがんでいる。健治は私を見つけると、青ざめた顔のまま、目で会釈しました……。沙代子は、その腕の中で身体を震わせて、むせび泣いていたのです。

「どうしたんだよ。何があったんだ」

すると健治が、「実は、沙代子の部屋の玄関前に……その……」と、言いかけたら、沙代子が、わっと声を上げて泣きだしました。

「おい……どうしたんだよ」

「あの、とにかく、一緒に来てください」

健治が立ちかけると、沙代子がそれを放さない。健治の腕を引っ張りながら、もういいの、行かないで、私、もう、あの部屋へは帰らないから、と泣き叫ぶ。

「でも、兄貴に見てもらって、相談しなくっちゃあ。それに、あんなもの、いつまでもあのまま放っておけないし……」

「じゃあ、私も行く」

とにかく三人で、彼女の部屋がある四階へと階段を使って上がりました。

その途中、いったい何があったのか聞いたのです。

すると、昨晩はふたりで会う予定だったので一緒に出かけました。レイトショウの映画を観て、食事して、その帰りに沙代子の部屋に寄ろうということになったらしい。

すると、ドアの前にあった、というのです。それが――。

「それって？」

健治に質問したとき、ちょうど四階の廊下が見えました。

その途端、イヤな臭いが漂ってきた。

「なんだか、臭くねえか？」

健治があれですよ、と前を指差して……。

アパートの共用廊下には、いくつもの部屋のドアが並んでますよね。その一つのドアの前に、スーパーでもらうような白いビニール袋が置いてありましたが、中がどす黒い……。ビニール袋の置いてあるドアは、沙代子の部屋の玄関戸でした。

階段の踊り場から動こうとしないふたりを尻目《しりめ》に、そのビニール袋に近づきました。

近づくにつれ、その臭いが激しくなって……。

ビニール袋を手にとって中を覗きこんだら、サッと血の気が引きましたね。

それは、黒犬の生首でした。

白目を剝《む》いている。どす黒い血が袋に溜《たま》って……。

あの姉妹の仕業に違いない。

「健治、これ」

私が言いかけると、彼はその言葉を止めました。

「わかってます。兄貴の言いたいことは。自分もそうだと思います。でもね……これは沙代子にも言ったんですが、あのふたりだっていう証拠はありません。だから、どうしようもない」

でも、怯《おび》えながら沙代子は訴えます。

「でも、あのふたり、私にこう言ったんだよ。あんたなんか、この世に存在する必要はないって……だから……」

「だからといって、犬の首を置くか……」

そう思ったのですが、後の言葉が出ない。

とにかく犬の首は一旦《いったん》、私が持ち帰って知り合いの焼却炉で燃やしました。

これは何か、凄いことが起こっている。誰でも思いますよね。

「なあ、隠さずに俺に全部話してくれないか。俺にできることならなんでもするし、解決する方法だってあるかもしれないだろ」

翌日、私はふたりにそう尋ねました。

心配かけたくないという気持ちはわかるけど、それがかえって心配を生んでいるんだ。特にあんな現場を見せられたら放っておけないじゃないか。あれは生きた犬の首をザックリ斬り落としている。そんなこと普通の人間に、ましてや若い女にはできやしない。よっぽどの執念なり、憎しみなりがないと無理だろう。あんなことされたくらいだ。ほかにも何かされてないか。

するとようやく、健治の口から、いろいろな事実が飛び出しました。

あの姉妹――、沙代子の会社に毎日のように電話をしていたというんです。「お宅にいる白石沙代子というのは淫乱女《いんらん》だから、さっさとクビにしちゃいな」と言って、ありもしない男たちとの関係を言いふらしたり、一度は会社まで乗り込んできて「私はあの女に婚約者を取られたのよ」と触れ回ったらしいです……。もちろん会社の人間は沙代子の人柄を知っているし、健治とは結婚を前提とした交際をしているので、聞く耳を持たずに追い返したのです。そしたら今度はビルの外で「このビルにあるT生命に勤める白石沙代子という女は大淫乱です。私の婚約者を平気で横取りする女です。男好きの変態女は白石沙代子です」と大声で喚《わめ》いたというんです。

それだけじゃない。沙代子のアパートの玄関にも、貼り紙が毎日のように貼られていたそうです。これも「淫乱女」というような内容で……。その上、近所や駅前で沙代子の写真をばら撒《ま》いてる。卑猥《ひわい》な言葉と一緒に、電話番号まで書いていたらしい……

…。だから、妙な電話もかかってくるわけです。もうそれだけでノイローゼになる。それから、無言電話……。これは彼女のところへは毎夜毎夜、朝までほぼ鳴り通しだったらしい。ところがね、健治が泊まった夜には、なぜかかかってこなかったそうです。

それから、彼女の車のガラスが割られていたり、タイヤも何度もパンクさせられて。そう、こんなこともありました。

私たちの仕事仲間でサイクリングへ行こう、ということになりました。もちろん健治と沙代子も誘ったら喜んでくれました。そのためにふたりは、お揃いのサイクリング用の自転車を買ったっていうんです。

ところが当日になって、沙代子から行けなくなったという連絡があったのです。理由を聞くと……。

沙代子の自転車は、健治のマンションの駐輪場にふたり一緒に置いていたようですが、なぜか沙代子の自転車だけ、メチャメチャに壊されていたのです。だから、行けないって……。残念だけど、自転車はレンタルすればいいと説得したのですが、沙代子がショックを受けていると健治が言う。

いま思うとあれも、姉妹の仕業だったのかもしれません。だって健治の自転車はなんともなかったのです。

とにかく、一緒に居ても健治には被害がないのに、沙代子のものだけが、何者かに狙われて、壊されたり、なくなったりすることがずっと続いているというんです。でも、そのすべてがあの姉妹がやったという確たる証拠はない。だから、あの島本姉妹に、やめてくれとも言えない、と健治が嘆くわけです。まあ、言ったところで聞きわける相手でもないですが……。

よく考えてみると、これは見事にふたりの行動を把握している行為です。引っ掛かりますよね。以前、鈴江が言った「探偵に憧《あこが》れていた」という言葉。きっとお金はあるのでしょうから、実際は誰かを雇っていたのかもしれないですけど、まあこれは、すごい執念としかいいようがない――。

とにかく健治はこのとき初めて、こういったことがあったと聞かせてくれたのです。

その上で、あの犬の生首だったというわけです。

ところが、沙代子の方は、悲しい顔をしているだけで、何も話してくれません。

「私が何をしたっていうの。なんで、こんなことされなくっちゃならないの」

それだけ言って、泣いている……。

きっと、誰も知らないところで、もっと陰険ないじめがあったに違いない……。私にはそう感じとれました。

そう、健治は、他にもこんなこともあったと話しました。

沙代子の靴下が真っ赤な血で染まっていることがあった。聞くと、靴の中にガラスの破片がいっぱい入っていて、知らずに履いてしまったという。そのときも沙代子は泣いていたそうですが、その涙が痛みからなのか、悔しさからなのか……。

通勤の地下鉄のホームで、何者かにポンと後ろから突かれた。電車が入ってくる直前、あわやというところで振り向いたら、朝の通勤ラッシュの人ごみの中、あの姉妹のひとりの後ろ姿が消えていくのを沙代子は見たというんです。

失踪

この頃から、沙代子の様子がおかしくなりました。

鬱病《うつびょう》、というやつ。

あの笑顔が完全に消えて、ふさぎこんでいます。

会社も休んでいるらしい。

健治は沙代子のことをいつも心配していて。普段は仕事仲間や友人たちと飲んだり、カラオケをしたりするのが好きで、いつもみんなと群れていた男が、まったく顔を出さなくなり……。もっともその隣には、必ず明るい笑顔の沙代子の姿もあったのですけど。

健治は仕事が終わるとすぐに、沙代子のアパートへとんで行きます。ちょっとでもそばにいてやりたいと言ってね。私も二度ほど、健治について、様子を見に行きましたが、やっぱり、ちょっと人が変わったようになっていて……。

だんだんと、誰も部屋に入れてくれなくなったのです。電話をしてもとらない。沙代子は、完全に引き籠《こも》った状態になった。

「もう十日も連絡がとれてない……」

そんなことを健治から聞きました。

ある夜中、私はロケ帰りの車の中でした。

健治から電話がありました。

「兄貴、沙代子がいない……」

「いない……？」

「どこにも」

「いまどこだ？　すぐ行くから」

私はそのまま車を渋谷に向けました。そして沙代子のアパートに行ったのです。

部屋に健治だけがポツンといる。

どうも心配になって、管理人に事情を話してカギを開けてもらったらしい。

「沙代ちゃん、帰ってないのか。行きそうなところは？」

そう声をかけた私を見て、健治は珍しく取り乱しました。

「沙代子、沙代子、沙代子！」

私はこんな健治を、初めて見ました。

「おい、落ち着け」

そう怒鳴って、彼の肩を持って体を揺らしました。

「彼女、ちょっと出かけただけなんじゃないのか？」

すると、健治が私の手に何かを握らせました。

婚約指輪です。

机の上に置いてあったらしい。

「書き置きは？」

「ない……」

「ない？」

そして……彼女は二度とここへ戻ることはなかったのです。

私は、その翌日、鈴江と香奈江に会いました。

以前、飲みに誘われたときの着信元にかけると鈴江が出た。

「あら、礼さん、どうしたの」

「どうしたじゃねえ。重要な話があるんだ」とふたりを呼び出しました。

新宿アルタの近くの喫茶店にふたり揃ってやってきた。度胸だけはある双子です。

「お前ら、沙代子に何やったんだ」

でも当然「何？　何を言ってんの」と知らないふりをします。

でもね、ふたりをじっと睨《にら》んでいると、香奈江は目を逸《そ》らすんです。だから確信はあった。沙代子の失踪《しっそう》に、このふたりが関わっていると。

「なあ、正直に言ってくれ。沙代ちゃんが黙ってアパートを出たっきり、帰ってこないんだよ。連絡もつかないし。お前たち、何か知ってるだろ。健治も取り乱してるし。ヤツには恨みはねえんだろ。このままだと、健治もかわいそうだ」

すると鈴江と香奈江は声を揃えるように、

「ねえ、礼さん、私たちがさあ、沙代子に何かして、いいことあるわけ？」

もう何を聞いても無駄でね。それ以上のことは詮索《せんさく》できません。健治の言う通り、証拠がないんでどうしようもない。ただ、このふたりからこんな言葉が出たのを覚えてます。

「お前たち、新潟の出身らしいな。何しに東京へ出てきたんだ」

そう質問したのです。そしたらふたりが声を揃えて言いました。

「だって東京は、男がよりどりみどりなんですもの」

続けて鈴江が言った。

「私たち姉妹はね、どうせ長生きできないの。だからさあ」

そしたらまた、ふたりの声が揃いました。

「いまのうちに、この世の快楽はむさぼっておかないとね」

……この言葉、ちょっと怖かったですね。

石垣島

沙代子が行方知れずになってから一ヶ月近くたったある日。
健治宛《あて》に一通の手紙が届きました。
差出人名には沙代子の名前が書いてあります。
消印を見てみると、沖縄県石垣《いしがき》市。
なんと彼女は、沖縄にいたのです。

しかし問題は、この手紙の内容でした。
健治は、この手紙を読むなりすぐに私へ電話をよこしました。
電話口で話す健治の慌てた態度が普通ではなかったので、すぐに待ち合わせました。
その手紙は私も読ませていただきました。
いまでもハッキリと覚えています。
それは、こういうものでした……。

健ちゃん　ごめんなさい
私、あのふたりを　許せない
健ちゃんのおよめさんになりたかった
でも　私は　あのふたりの　仕打ちを
絶対に　許せない
いまは　それしか言えないけど
必ず　おこることがあるから
妹の今日子には　それがわかると思う
私がいなくなっても　悲しまないで
私は　あなたのそばに
いつもいます

沙代子

これは尋常じゃない。
私たちふたりは、石垣島へすぐに飛ぶことになりました。
手がかりは手紙の便箋《びんせん》。そこにY荘という文字があった。

Y荘という施設は知っていました。沖縄は私の郷里ですし、そこは以前ロケで泊まったことがありました。健治は慌ててそこへ電話で問い合わせたのです。すると、確かに沙代子らしき若い女性が泊まっていたという。でも、チェックアウトはしていないのに、二日ほど前から姿を見ないらしい。それで、石垣島のほかのホテルにも片っ端から電話してみましたが、手がかりらしきものは見つかりませんでした。

それから、電話で沙代子のご両親にもお話ししました。手紙のことを話して、一緒に石垣島へ行きませんか、と誘いました。大変に驚かれましたが、もちろん行く、という返事でした。ただご両親は北海道の根室《ねむろ》に住んでいるので、後日、現地で合流ということにしたのです。

とりあえず私と健治はすぐに空港に電話して、一番早く現地へ行ける手段を考えて、那覇《なは》までの飛行機チケットを二枚取りました。羽田《はねだ》発六時三十分。那覇から石垣島へ。そこからレンタカーを借りる。まあ、あちこち撮影のためのロケに行ってますから、その辺の手配はお手の物です。その間、健治は蒼白《そうはく》な顔をしてずっと震えていました。もう見ちゃいられません……。

早朝、私たちふたりは羽田へ急ぎました。そして、その日の午前十一時頃には、石垣島のY荘に到着したのです。

さっそく、宿帳を見せてもらった。

すぐに沙代子の名前を見つけました。

白石ではなく、健治の姓でした。

日付は五日前。でも、そこから足跡が途絶えている。だから、とりあえず私たちで聞き込みをするしかありません。沙代子の写真を片手に、健治と私とで、方々を聞いてまわったのです。石垣島にあるほかの宿泊施設にも片っ端から行ってみたんですがね……。それに、沖縄にいる仲間たちも協力してくれて、沖縄中のホテルや宿泊施設を調べてもらいました。

でも、手がかりはまったくない。

とうとう日も暮れだしました。

とにかくその日はY荘に泊まることにしたのです。

宿をとる手続きをしていると、登山服の男性がふたり入ってきました。そこでちょっと気になる会話を聞きました。

「於茂登《おもと》の瀧《たき》の水、いつもと違っていたよな。なんでだろ?」

はっとして、そのふたり連れの男に聞いてみたのです。

「於茂登の瀧の水が、どうかしたのですか」

「いやね、僕たち於茂登岳に登っていたんですけどね。そこの瀧の水を掬《すく》って飲もうとしたんですよ。そしたらね、冷たいはずの水が、ねえ」

もうひとりの男が「ふわっと温かかったんです」と首をひねる。

温泉でもないのに山の水が温かいなんて、ありえません。

そこに沙代子がいる、そう直感しました。

於茂登岳が何かを訴えている、そう私には思えたのです。

この山はねえ、標高約五百メートル。沖縄では最高峰です。もちろんハイキング・コースもあるのですが、本来ここは山岳信仰の聖地なんですよ。その瀧というのは行者の瀧のことでしてね、それは於茂登岳の神域にあって、その水が下のハイキング・コースへと流れ込んでいます。私は金剛院の修行を沖縄の山でしていましたから、そのあたりのことは詳しいのです。でも一般の人は、あまり行者の瀧のことは知らないはずです。当然ガイドブックにも、そのことは載っていません。

ただし、もし、行くとすれば――。

健治にさぐりを入れました。

「沙代ちゃんて、信心深い子だった?」

「さあ、でも結構神仏にお願いするという面はありました。陰陽道《おんみょうどう》だとかの話を熱心に聞かせてくれたこともありました」

「おい、ひょっとして、沙代ちゃん、於茂登岳に登ってるかもしれないよ」

「於茂登岳？　なんすかそれは」

詳しく説明しました。そうしたら健治が、慌てて外に出ようとするもんだから、制止しました。

「いまはダメだ。もう日も暮れてるし、俺らが遭難しちゃうよ。明日《あした》の朝一番で行こう」


早速私は宿の人に、例の手紙を見せながら詳細を話して、警察と地元の消防団に捜索の協力を頼みました。そして、翌朝、大勢の地元消防団と警察官も加わって、於茂登岳に入っていきました。

ここは原生林の山でしてね、照葉樹だらけの風景なので、雰囲気が独特なんです。それから、ハブもよく出る。だから奥へはあまり入る人はいない……。行者の瀧へ行くためには、行者の道という獣道のようなところを進まなくてはなりません。それは、ハイキング・コースとは別になっていて、入山するには本来、地元の許可がいるんです。なんせ神域ですから。

そして、行者の瀧で修行するには、数日前から禊《みそぎ》をしたり、お祓《はら》いをしたりするんです。肉類は一切口にしちゃあいけない……とかね。そこはそういう場所なのです。

行者の道を延々と登ると、途中、東に東シナ海、西に太平洋が見渡せる場所がありまして、その先には二十メートル四方程の岩に、誰によるものか、大きく〝和〟という字が彫られています。平和の〝和〟です。

そこに行者の瀧がありましてね、瀧の中程に行者が座る磐座《いわくら》があるのですが、その先へは、瀧の脇にある草木を分け入ってずぶ濡《ぬ》れになりながら行くしかないのです。

そこまできても、沙代子の手がかりになるものは見つからない。

でも、いる。そう胸騒ぎがしました。

すると——。

瀧の手前の木の枝に何かが引っ掛かっている、という消防団の声が聞こえてきた。

見ると確かに白いものが緑の中にある。ビデオカメラを持っていたのでさっそくズームでそれを見た。

「うっ」

声がつまりました。

いきなりレンズに、女の顔が映ったのです。

高い樹の枝に、女が引っ掛かってる。

首を吊《つ》ってるかのように、だらりと。

それは沙代子でした……。

きっと瀧の上から身を躍らせたのでしょう。

そして、下にあった木の枝に引っ掛かったのです。

沙代子は消防団の人たちによって、降ろされました。

カラスについばまれた、無残な姿でね。

その姿……。これが、あの沙代子なのか。信じられない。

白いブラウス姿。ただ、血で下半身は赤黒く染まっていた……。

こんな格好で、よくこんな場所へ、と思ったら、どうやら瀧の上で着替えている。

でも、そこに遺書はありませんでした。

「ひょっとして……これ、俺との最初のデートのときに着ていた服だ……」

健治はそう言って、うずくまって泣いている。

沙代子の上半身と下半身は、酷《ひど》く捩《ねじ》れていて、かろうじてついていたという状態でした……。高い所から落ちた衝撃でそうなったのでしょう。

ところが、そんなになっても、彼女の眼球だけは、カッと、大きく見開かれていた。

不思議と両眼だけは、綺麗《きれい》に残っていたのです。

それがね、どこか一点を凝視している。もう、凄《すご》い形相で……。

恨みの顔――ですよ。

それが、消防団の人が手で閉じようとしても……閉じないのです。

一旦《いったん》は閉じるんですよ。でも、すぐにパッと開く。

どうしても、眼が閉じない。

そこだけは、死んでいるとは、思えません。

だんだん消防団の人たちも怖がりだした。

健治は健治で、かわいそうに「嘘だ、嘘だ、嘘だ、そんなわけないよ、そんなわけないよ」ってボロボロと泣き通しで……。

遺体はまず地元の診療所に運ばれて、その後、石垣市の警察署に移されました。

沙代子のご両親が到着したのがその日の夕方でした。

変わり果てた娘との対面。

「何があったのよ、沙代子ちゃん、何があったのよ」

母親は泣き崩れ、父親も握り拳《こぶし》をわなわな震わせている。

健治はずっと「嘘だ、嘘だ、嘘だ」と、もううわごとのように繰り返すだけで……。

翌日には、遺体が沖縄本島にヘリで送られて、検死解剖されました。

死亡推定時刻は、三日前の十一月二十三日午前四時から五時のあいだ、と聞きました。

朝の、ですよ。

ただし、飛び込んだのはその三時間ほど前だったようだというんです。木の上に引っ掛かって、しばらく生きていたのです。

沙代子は、その日の夜中に行者の道を登ったか、もしくは夕方までに登って、ひと晩中、真っ暗な瀧にいたのです。

でも、夜中にあんなところを登るってのは、ちょっと考えられない。だから沙代子は、陽のあるうちに登って、漆黒になった森の中で、ずっと、何かをしていたのだと思うんです。わざわざ、こんなところを死に場所に選んだのですから、そのこと自体に、彼女にとって大きな意味があったのでしょう。でも、それを見たという人は誰もいないし、誰も本当のことは知らない。全部推測の域を出ないんですけど……。

お葬式は沙代子の故郷、北海道の根室で行われました。

遺体は、沖縄から貨物機でお棺ごと運ばれました。

それから、沙代子は茶毘《だび》に付されて、灰になってしまった……。

呪う

それから数週間たって、沙代子のアパートを引き払うための後片付けをしたときのことです。

健治と私、そして北海道から上京した沙代子の妹がふたり。

ほら、あの手紙にありましたよね……。

　必ず　おこることがあるから

　妹の　今日子には　それがわかると思う

その今日子《きょうこ》です。

沙代子は長女で今日子は次女。で、もうひとり妹がいたのです。三女の雅子《まさこ》。

今日子は二十歳で、地元の大学に通っていました。雅子は一七歳の高校生です。今日子はね、沙代子とどこか似ている。顔もそうですけど、どことなく雰囲気が。雅子はのんびりしている。顔も沙代子とはあまり似てない。姉妹ですって言われて、そういえば、という感じですかねえ。

それとノリさんという私の友人。彼は元ヤクザでして、腕に〝もうしません、ごめんなさい〟という刺青《いれずみ》が彫り込んである。気のいい、サッパリとした中年男です。元々新宿の飲み屋で知り合ったのですけど、健治とも気の合ういい男でした。それからスナックTのママさんも手伝いにきてくれてました。

とにかく、引き払うんですから、全部処分しなきゃならない。

ごく普通の、独り暮らしの若いOLの部屋ですから、まあそんなに広くはない。小さいリビングに六帖《じょう》くらいの部屋が二つ。一つは和室、一つは洋室でした。彼女らしく、質素な生活が窺《うかが》えましてね。ともかくベッドや箪笥《たんす》、テレビなどを処分して、細々《こまごま》としたアクセサリーや小道具なんかは姉妹で分けていたかな。

もう片付いて、帰ろうとしたら、健治が和室に突っ立って、「あれ、なんだろう」と指差しました。

私も健治のそばに立って、上を見ました。

押し入れの上に天袋がありますよね。

その戸が開いて、上の天井部分が見えているのですが、ベニヤ板がちょっとずれているんです。

天袋にも荷物がきっちりと入っていたので、出しているうちに天井板がずれたのでしょうね。よく見ると、ベニヤ板の奥に何かが見える。

「おい、今日子ちゃん。君だったら、あそこ入れるんじゃない？」

彼女は細かったから、天袋の中に入って、ゴソゴソしているうちに「ほんとだ、変なものある」って言うんです。

それ、巾着《きんちゃく》、っていうのかな、布の袋が二つ。

一つは真っ黒で、もう一つは朱色。どうやら沙代子の手づくりらしい。

そうか、彼女、裁縫やっていたからなと思って。

ところが——中から出てきたのは藁人形《わらにんぎょう》でした。

もう一つの巾着からも……。

二体それぞれに、布が縫いつけてありました。

その布には赤茶けた文字で——。

呪　島本鈴江

呪　島本香奈江

見た瞬間、みんな凍りつきました。

布の大きさは三十センチはあったかな。大きなものでしたよ。

しかもね、それ、普通じゃないんです。

普通の藁人形っていうのは手や足の部分は普通のタコ糸などで縛って作るみたいですが、この藁人形は、全体が赤い糸でぐるぐるに巻いてある。それにブッブッといっぱい針が突き刺してあった。

——まち針です。それは心臓部分に集中していました。

みんな、じっとその藁人形を見つめたまま、もう動けません。

「おい、これはただの自殺じゃねえぞ」思わず言いました。

その瞬間、気のせいか、部屋全体の温度がまるで冷蔵庫の中のように冷えた気がしました。

「お姉ちゃん……こんなに……」

今日子が悲しそうに言った……。

間もなく、今日子の身体がぶるぶると痙攣《けいれん》しはじめたのです。

「こんなに……くやしいことが……このうらみ……ぜったい……に……」

少しずつ声が変質していく。

身体の痙攣も、がくん、がくん、と酷《ひど》くなっていって、もうそれは人の動きじゃない。眼は白目を剥《む》いている。

「おい、今日子ちゃん、今日子ちゃん……」

私たちは懸命に名前を呼びかけました。

すると、今日子がバタンと仰向《あおむ》けに畳に倒れた。

それでも「うらみ……ぜったいに……はらして……やる」と呻《うめ》き続けている。

そして、いきなり立ち上がった。

そのまま棒立ちになって……。

白目を剝いた眼が吊《つ》り上がり、顔中の血管が浮き出ています。

そして、唸《うな》りはじめました。

「うぅぅぅぅううぅぅぅうぅぅぅぅ」

人の声じゃない。地獄から響き渡ってくるような獣の唸り声のようです……。

「ひゃあああ！」

ママは座ったまま失禁しちゃうし、ノリさんまで腰を抜かしてしまって。

「おい、今日子ちゃん、今日子ちゃん！」

私は、何度かこういう状態になった人を見たことがあるので、彼女の肩を摑《つか》んで頰を叩《たた》こうかと思いました。ところがね、なぜか近寄れない、近寄ろうとすると、何か見えない力で撥《は》ね返される感じがするんです。

するると、雅子が「お姉ちゃん、またなってる」と言ったのです。

「えっ、またって、どういうことなの」って聞いたら――。

「あのね、おそらく沙代子姉さんが亡くなった日の夜からだと思うの。私と今日子姉ちゃんは、同じ部屋で寝ていたんですけど、いきなりいまみたいなことになったの。びっくりして、お父さんとお母さんを呼んだら、私たちの前で『おせわになりました』って、言ったんだよね……。最初は何言ってんだって、お父さんも言っていましたけど、それが三日も続いたの。そしたら沙代子姉さんが死んだって、知らせがあって……。それからはもう、沙代子姉さんの霊が乗り移ったって家族みんな大泣きになって。私は怖いから、それからは亡くなったお婆ちゃんの部屋で寝ているの」

つまり、その日までに今日子の身に、何度もこんなことがあったというんです。

今日子はそのうち、聞いたこともない、呪文のようなことをぶつぶつと口にして、フッと力が抜けたように倒れて、そのまま失神したのです。

その途端。私の身体はまるで金縛りから解けたみたいに軽くなって、空気も雰囲気も、さっと元に戻った。

みんなで介抱して、やっと気づいた今日子は、何も覚えていませんでした。

こんなことになっているのなら、まだ何かあるかもしれないと、もう一度、部屋中を捜してみたんですよ。

「天井裏に、ほかに何かなかったか」ってノリさんが言った。

それで、今度は私が天袋の中になんとか上半身を突っ込んで、天井板の上を手で探りました。

すると、何かが手に触れました。

引きずり出すと、それは埃《ほこり》の被《かぶ》ったB5判のノートでした。

表紙に、大きな赤い文字で書いてある。

うらみ　怨

もう、忌《いま》わしくて、内容なんて読みたくない。けど、何かメッセージがあるなら、それを受け取ってやらなきゃならない。

パラパラと見てみました。

最初のページにあった言葉を覚えてます。

此の世は　生きている人間だけじゃない
死んだら　必ず道連れにしてやる

そんな恨みの言葉が、ずっと走り書きで綴《つづ》ってありました。

それが全部赤い筆文字。それがねえ、墨汁の赤じゃないんです。茶色に変化している。これ、血が混じっていると思いました。

つまり、血文字ですよ。

あの藁人形に縫いつけてあった、姉妹の名前も、同じ血文字でしょう。

それから、ノートには日付も書いてあった。

不思議と日曜日と木曜日だけなんですよ、それが。

「日曜と木曜の夜は、ふたりで必ずデートする日だったのです。ところがデートに来なくなってしまって……、沙代子はひとりで、こんなことしていたんだな……」

健治はそう呟《つぶや》くと、私たちはいたたまれなくなった。

そのノートは、今日子と雅子が北海道へ持ち帰って、沙代子の墓の前で焼いたそうです。

「お姉ちゃん、頼むから成仏してください」とお祈りしながら。

四十九日

北海道にある沙代子の実家で、四十九日の法要が執り行われたときのことです。

私も、お参りさせてもらったんですがね、ちょっと気になることがあったのです。

お坊さんが読経《どきょう》している最中に、沙代子の位牌《いはい》がバタンと前へ倒れたのです。

それが仏壇から落ちて、お坊さんの膝元《ひざもと》まで転がって、止まった。

位牌が、転がるなんて……。

その途端、お坊さんのお経はまるで端折《はしょ》っているようなものになってしまって、あっという間に終わりました。それで、逃げるように帰っていった。

沙代子は、成仏することを拒否している。

そんな気がして、誰も口にはしませんでしたが、みんな気味悪がっていました……。

贖《あがな》い

あれから、健治は仕事をしなくなっちゃって……。

腕はいいんだけど、ますます集中力がなくなっていくし、まあ、沙代子の一件も噂になりますしね。婚約者が自殺するなんていうことになったら、世間の風当たりは強くなります。上司にも相当責められたらしい。それで、お酒に溺《おぼ》れるようになった。終《しま》いにはとうとう会社を辞めたのです。辞めさせられたのかもしれない……。

でもね、健治は何があってもなんと言われても、沙代子の死を、どうしても受け入れようとはしませんでした。あれは何かの間違いだ。あの沙代子が死ぬはずはないって……。

それはもう、痛々しかった。

あれは、沙代子の一周忌を迎えた頃のことです。

高円寺のスナックTのママから電話がありました。

「あのふたりが謝りたいから来てほしいって言ってるんだけど」

「あのふたりって？」

「ほら、例の双子。島本家の。これからうちの店に来るんだって。だからみんな来てって」

いまさら何を、と言いたいところだけども、いろいろ知りたいこともあるし、問い質《ただ》したいこともある。

「健治は来るの？」

「ええもちろん。それで、礼さんにも是非来てもらいたいって」

すぐにスナックTへ行きました。

なんと、あの美しい双子は坊主頭になっていました。

しかもふたりのご両親まで一緒だった。

「うちの娘がとんだことをしてしまいまして。申し訳ありません。いまさら詫《わ》びたところで、どうしようもございませんが、これは親の責任でもあります。娘のふたりもこのような格好で詫びたいと申しております。もうすぐこちらを引き払って、ふたりは郷里に帰します。もう二度と東京に来ることはありません」と父親が深く頭を下げている。坊主頭のふたりもペコリと頭を下げるんだけども……。

姉妹の父親はとても厳格な人だと思いました。礼儀もちゃんとしている。きっとあの姉妹は厳しく躾《しつ》けられたのでしょうけど、東京に来て自由になって、その反動が出ちゃったのでしょうね。

ちなみに、この父親には小指がなかった。おそらくいまは堅気なのでしょうけれども、いろいろ渡り歩いた苦労人だろうなと思いました。

でもねえ、あの双子が坊主頭ってことは、よっぽどの何かがあったんだって気になりますよね。でも、もうこのふたりと話すのは、あまりに忌わしいので、あえて口はきかなかった……。姉妹の母親はただただ泣いてますしね。

それに、健治はいまにもふたりに摑《つか》みかかろうっていう態度で、それを押さえるのにこっちは必死という状態でしたしね。

実はね——あのおとなしい男が、あのとき、日本刀を持ってきていました。

本身の刀です。

彼は居合いをやってましたから。

あの姉妹を斬り殺そうとでもしたのでしょうね。私とノリさんとでそれを取り上げて、必死に止めた。もう健治は殺気立っていました——。

ただそのとき、父親とは話をしました。するとどうやら、ずっとふたりの姉妹は東京で一緒に住んでいましたが、あの事件以来、別々に住むようになったらしい。その後で、ふたりとも一時的に新潟の実家に帰っていたそうですよ。そのとき、両親にいろいろと相談したみたいです。それで今回の事情を知ったと。

父親に「あなたが伊東さんですね」と尋ねられましてね。姉妹から、伊東っていうヘンな男がいると聞かされていたのでしょう。

「あなた、心霊とか、呪いとかにお詳しいそうですね」

「詳しいってわけじゃないですけど、少しだけですが修行をしていました」

そう返事をしたら、それは、どんなことができるのか、霊を祓《はら》うことが本当にできるものなのか、などと聞いてくるのです。だからそれには、こう答えました。

「霊なんていうものは、あると思えばあるし、ないと思えばない。ただ修行をすることで、普通の人が感じたり、見たりするものとはまた違う、何かを感知できるようになる、ということはあります。そういう力がお役に立つなら、はばかりながらお力を貸しましょうというのが退魔師です」

すると「ひょっとしたら、何か相談させていただくこともあるかと思います」と名刺を差し出された。

あんな厳格に見える人が、心霊だの、呪いだのの話をしつこく聞いてくる。これは何かあるなと思うしかない。お祓いをしてくれという依頼は、往々にして、こういうやりとりからはじまるものですから。

でもまあ、あえて、こちらから介入する気はありませんので、それ以上の話はしませんでしたけどね。

とにかく、島本鈴江と香奈江は、我々の前に姿を現して、詫びたわけです。

健治がふたりに、こんなこと言ってました。

彼にしては珍しくドスの利いた声でね……。

「おい、とにかく済んだことかもしれねえが、人ひとりの命だぞ。もう二度と東京へは来ないでくれ。でないと、お前ら、必ず仇《かたき》をとられるぞ」

それから数日たって、香奈江本人からも新潟県に帰るという連絡がありました。

「健治さんにお詫びしようとしましたが、電話に出ていただけません。礼さんにもお詫びしなければと思ってお電話しました」

「新潟に帰ってどうするの」って聞いたら「わかりません」って。

一ヶ月ほどたったら、今度は島本の父親から電話がありました。

「伊東さん、鈴江が新潟に戻ります。実はそのことでいま、東京に来ているんです。鈴江も待ってます。一度お会いできませんか」

仕方なく会うことになり、指定の場所へ行きました。

東京駅近く、八重洲にあるホテルでした。

到着すると、ラウンジで父親だけが待っていた。

私が腰掛けると「もうすぐ鈴江が最後の挨拶《あいさつ》に来ると思います。その前に、伊東さんにお聞きしたいことがあります。娘たちは、いったい、何をしたのですか。別の立場にいた方から、それをお聞きしたくって」と言ってくる。

私は知ってる限りのことはお話ししました。ただ、私は当事者じゃないし、健治や沙代子から聞いたことですよと断った上でね。それでも犬の首のことや、石垣島から届いた手紙、そして遺体を見つけたときのこと、これらのことは私も見たことですからと、その詳細を伝えました。でもねえ、沙代子の部屋にあった藁人形《わらにんぎょう》のことは言えませんでした。いくらなんでも、あなたの娘さん、呪いにかけられてますなんてね……。しかし、人に、恨まれても仕方ないことを、あなたの娘さんはしてしまった、このことは間違いないと、忠告はしました。

父親は終始情けなさそうな顔をして聞いていましたね、で、ポツリと言ったのです。

「あの娘たちは、えらいものを背負《しょ》い込んでしもうたもんです。私どもはね伊東さん、もともと新潟の者じゃあなくてね、私の先祖を辿《たど》れば山陰《さんいん》の島根、妻は両親が四国の徳島の出で、なぜかふたりとも平家の落人《おちうど》の家系なんです……。因果《いんが》者といいますか……。だから、それが……。伊東さん、お頼みします。何かあったら、ぜひ新潟へ来ていただけませんか」

どうも話の様子がおかしい。

「何かあったらって……何が起きるというんです？」

「実はね、沙代子さんが亡くなったと知った後、しばらくして、香奈江は新宿のマンションを出ましてね、一旦《いったん》大宮《おおみや》に移り住んだんです。そこに遠縁の親戚《しんせき》がありましてね。面倒を見てくれると言ってくれましたので。香奈江はこのとき、少しノイローゼ気味でした。東京にいるのはイヤだっていうんです。だからといって、新潟の実家に帰るのを怖がったもんですから」

「怖がった？　何が怖いのです？」

「それが……私にも……ただ、怖い怖いと怯《おび》えているだけで」

父親の表情が曇りました。

「……で、鈴江さんだけ、東京に残ったわけですね」

「そうです。しばらくはひとりで生活しておったんですけど。ああいうことがあっては……。それで、今日は、鈴江が出ていきます。ただね、新宿のマンションは、私が娘たちに買い与えたものなので、売却の手続きとか、鈴江の名義になっているもので、そのあたりもきちんと処理しておかないといけないものですから。それで、私も東京へ来たわけですが……、本音はね、私はあなたに会いたかったのです」

そこに鈴江が到着した。

あの、生意気で妖艶《ようえん》なオーラもすっかり消えていました。態度もしおらしくてね。短い頭髪を隠すためなのでしょう。大きな赤い帽子を被《かぶ》ってました。

その後、父親と一緒に、鈴江を東京駅のホームまで見送りました。


新幹線を待っているときに、鈴江が私に言いました。

「礼さん、お世話になりました。でもね、人の恨みって、怖いですよね……。いろいろご迷惑おかけしてすみませんでした。ただもう、東京へ出てくることはありません。礼さん、何かあったら、新潟にお呼びします。そのときは助けてくださいね」

このとき、私は自分の置かれた立場を理解したのです。

いままでは、健治と沙代子サイドの人間だった。それが、島本家サイドにも介入していってる。これはひょっとして、恐ろしいことに引き込まれているぞ。心が揺れ動きましたよ。島本家のことに首を突っ込むべきだろうか……。

でも、聞いたからにはほっとけないでしょう。もう、これはどっちが正しいとか、悪いとかじゃない。人間の業《ごう》です。ひょっとしたら、このときのために私は退魔師の修行をしていたのかもしれないとまで思いました。

鈴江を見送ったら、私と島本の父親だけ残りました。

「伊東さん、これから娘のマンションに行きますけど、一緒に来てもらえませんか」

興味があったので、ついていきました。

そこは、凄《すご》いマンションでした。

新宿の甲州街道《こうしゅうかいどう》をちょっと入ったところ。億ションってやつですよ、あれは。

警備員がやたらと多くて、ガードがすごく厳重でね。父親に聞くと、大使館関係者なんかも住んでいるそうです。

父親と一緒に、姉妹が住んでいた部屋に入りました。最上階の部屋ですよ。

とにかく広いんです。5LDKって言ってたかなあ。リビングは四十帖《じょう》はある。家具はまだ残ってました。フカフカのソファとか、映画館かと思うほどでかいプロジェクター。インテリアの趣味はこう言っちゃなんですが、あまりよくなかった。各部屋にシャワーがついてて、なんとサウナまでありました。姉妹はリビングを挟んで別々の部屋に寝ていたらしい。ところがね、この部屋に入った途端、ムッと鼻にきた。最初、お香のにおいがしたのです。それがね、だんだん腐臭に変わっていきます。まるで死体のにおい……。それが部屋に充満しているのです。

このにおいをなんとか誤魔化そうとして、鈴江はお香を薫《た》いていたのでしょう。

私はこのにおいに、違和感を感じました。

十二月も近い時期でしたけど、臭気そのものが、痛いほど冷たくて、閉めっ放しの部屋の中を、もやもやと動いている気配でした。

それを背筋で、ゾクリと感じたのです……。

一日目に伊東氏が語った話はここまでだった。

唐突に「すみません、この後、ロケの仕事が入ってますので」と話を中断された。

「また明日《あした》、この場所で続きを話します」

そう告げて席を立った伊東氏は、少し考えてから再び私の前に座り直した。

そして、こう言ったのである。

「これは、言うか言わまいか、迷ったんですけど、全部話すという約束ですから。今日は十一月二十三日。実は沙代子の命日なんですよ。於茂登の瀧から身を躍らせて死んだ日。そして、今日はちょうど十回忌にあたるんです。それに今日は木曜日。やっぱり続いてるんですよ……まだ……」

二日目

昨日と同じ時間、同じ場所に、伊東氏が姿を現した。

これまでさまざまな怪談の蒐集《しゅうしゅう》をしてきたが、二日にわたる話は初めてである。

席に座るなりホットコーヒーを注文した伊東氏に、私はある疑問を提示した。

これまでの伊東氏の話の中で、何かを感じたりする、ということはあっても、積極的に霊を認めたり、肯定するような発言はない。

しかも、最初に電話で話したとき、自分は否定論者だと断言された。

霊の存在を否定していながら、お祓《はら》いをするとは？　退魔師になったのは？

「じゃあ逆にお聞きしますが、中山さんは怪談の蒐集をされていますが、それを全部信じますか？」

「私は怪異譚の蒐集はしていますが、霊の存在については肯定も否定もしない立場にあります。いや、それを知りたいからこんなことをやっているのかもしれません」

そう答えると、伊東氏は、私も同じですよ、と笑った。

「確か、最初にお会いしたとき、私は米軍の海兵隊として従軍し、死にかけたと言いましたよね。それがきっかけで、目には見えない何かを感じるようになった。そのときの感覚……それを知りたくなって修行をした。

つまり追究したいんです。それまでは日本人の言う亡霊や幽霊なんて、いるはずがない。という態度でしたから。

実はね、私の父親は職業軍人でした。そして退役して牧師になったのです。じゃあ父親は神を信じていたのかというと、実は違います。彼は無神論者だったのです。なぜ牧師にと思うでしょう。それはね、何かに対して畏怖《いふ》する態度とか、気持ちを持つことが、人間には必要なのです。

親父は、それは『聖書』に書いてあると言いました。『聖書』は昔の人が書いた叡智《えいち》の指南書であって、神はそれぞれ人が心の中に持てばいい。そう信者に教えました。無神論者だけど牧師。

私も同じです。霊を否定しても、納得のいかないものはある。じゃあそれはなんだということです。だから、修行して、経典も読んだ。退魔師となって、霊に関する相談にも応《こた》えた。霊を否定する除霊師。一見矛盾しているようですが、私の中では自然なことなのです」

ところが、その概念が崩れるに至ったのが、新潟の島本家での出来事だったという。

それは、双子が新潟に帰って、しばらくたったある日。伊東氏が受けた、島本家からの一本の電話からはじまったのだ。

島本家

あれから二年。島本の双子とか、沙代子のことは、あまり心地のいいものじゃなかったので、忘れようとしていました。

ところがある日、鈴江から電話があったのです。

「ご無沙汰《ぶさた》しております。礼さん。あのう、ちょっとご相談したいことがありまして、いま、父と代わります」と告げると、父親が電話に出た。

「実は、家の中で妙なことが起こっているんです。それで、香奈江が酷《ひど》く怯《おび》えていまして……、ちょっとお電話ではお伝えしにくいものでして、できればお越しいただけませんか」

いきなりそう言われても、状況もわからずに行くことはできませんよ。こっちも仕事があるものですから。だから、とりあえず、詳しい話を聞かせてもらいました。

するとね、香奈江だけじゃなく、奥さんの様子もおかしいと言うんです。夜中に悲鳴を上げて突然起きることが、最近頻繁に起こっているらしい。奥さんが言うには、寝ているときに、突然何者かに首を絞められて目が覚めるそうです。はっきりと首に手の感触があって、絞められているあいだは息ができなかったと。

「えっ、お母さんが？」

私は思わず声をあげました。だって、そうでしょ。てっきり鈴江か香奈江に関する相談かと思ったら、それがなぜ奥さんなんだって——。

そして、双子の部屋には、人影がボーッと立って、それが、おいで、おいで、と手招きをするというのです。

「それで、お父さん、私にどうしてほしいんですか？」

そしたら「とりあえずうちへ来て、状況を見てください、それだけでもいいんです」と頼みこまれた。結局、調査するという名目で行くことになりました。

その三日後だったかな。入っていた仕事を仲間に預けて、新幹線で新潟へ向かったのです。

信越《しんえつ》本線A駅。

父親と鈴江、香奈江の三人が駅前までワンボックスカーで迎えにきてくれてました。双子の坊主頭は、すっかり女の子らしく、セミロングになっていました。相変わらずの美人でしたが、ちょっとやつれていました。特に香奈江がね。

十五分くらい走った。目抜き通りを抜けると、もう雪を被《かぶ》った山が見える。十一月でしたから。そう、二十日から三泊の予定です。ここしか日程的に空けられなかったのですが、後で気づいたら、沙代子の三回目の命日が、このあいだにあったのです。

島本の家には驚かされましたねえ。

まず立派で長い塀に囲まれてましてね。

大きな門がある。木製の門扉が電動式で開閉するんです。

そこから車で入ると、すぐに大きく立派な楠《くす》の木がありました。

「お父さん、これは立派な木ですね」

「これはね、家を建てる前からこの土地にあった木なんです。うちの氏神様《うじがみ》だと思っているんですよ」

母家《おもや》も昔の大きな庄屋《しょうや》の家のような屋敷でね、瓦《かわら》なども一枚一枚、島本家の家紋が入っていました。

敷地の中には、工場が三棟ありました。島本家の財産を湯水のように生み出す紡績工場です。お屋敷に入るのはこの南門から。工場へは東門。二つも大きな門がある。

庭には大きな池もあるし、温室の中の植物は蒼々《あおあお》としている。そうだなあ、住まいだけでも五百坪はあったと思います。

家屋に入ると、杉の木の匂いが心地好《よ》くてね。いい木材を使っているのでしょう。

その日は着いたのが夕方、ということもありましたので、着くなりおもてなしを受けました。家にはお手伝いさんがふたりいました。山盛りの料理とお酒。このときは特に詳しい話はせず、お酒を飲みながら世間話をしただけです。

母親のことは、東京でお会いしたときには、泣いてばかりいてよくわからなかったのですが、気さくで大らかな人でしてね。お昼になると、双子と一緒に工場の従業員に差し入れを持っていったりしていました。工場の人たちとは家族みたいな感じでした。この奥さんが工場の社長で、従業員からは慕われていたようです。

父親とは、一緒にお風呂《ふろ》に入りました。

いやあ、大きな風呂でしてねえ。十人は一度に入れるような。「デッカイ風呂でないと、入った気にならねえもんでね」なんて言っていた。まるで温泉ですよ。

父親の背中には刺青《いれずみ》が入っていました。そこで「お父さん、なに、この悪戯《いたずら》書き」と言ってやりました。

お湯に入ると毘沙門天《びしゃもんてん》が浮き出てくるのです。横須賀《よこすか》の彫り師に彫ってもらったのだと自慢してました。

「ご覧の通り、私はね、昔はヤクザの若頭をやったりして、粋《いき》がって無茶やりました。このように指も飛ばしました。高利貸しやったり、追い込みかけたりして、うちは代々そうでしてね。だから、人様の恨みを買う家系なのかもしれません。妻も四国の落人《おちうど》の因果な家系ですしね。しかしねえ、伊東さん、足を洗うキッカケを作ってくれたのは、ウチのヤツなんですよ。だからいまは真っ当に生きなければと思ってます。私もヤツも、娘たちも……。ヤツをナンパしたのは俺なんですけどね。ヤッちゃおうと思ったら、逆にヤラれちゃったんです。そういう女なんですよ。よく尽くしてくれますし、家族のことも心配し、考えてくれているので、頭が上がらないんですけど、どうも、やりすぎのところもありましてね。特に娘たちに甘くて……」

まあ、そんなのろけ話を延々と聞かされて。

お手伝いさんは夜の八時になると、帰っていきました。

私は、この夜だけ、客間に泊めていただいて、ぐっすり寝かせてもらいました。この夜は……、そう、特に変わったことはなかったのですけど……。

次の日、私は早朝から、鈴江、香奈江を連れて、車で町や周辺の地域を調査しました。まあ、いわゆる風水で周りの環境を調べるわけです。琉球羅盤《らばん》というものを持ってきていましたので。これは、普通の風水師が使うものより小さなものなのですが、日本の風水の元は沖縄といわれているんです。だから、これが本来の羅盤ともいえます。

まず、四方を調べます。ご存じかと思いますが、玄武《げんぶ》、青龍《せいりゅう》、朱雀《すざく》、白虎《びゃっこ》の位置と山や川の位置、それから空気や水の流れを見て、島本家の風水を調べます。気の溜《たま》るところはよくないって、あれは本当ですよ。

ところが、島本家の近辺では羅盤がうまく動かないんですよ。理由はいまだにわかりません。

それから神社や祠《ほこら》を見て回って。

このとき、姉妹にいろいろと質問を投げかけました。

まず、東京で、何があったのか。そして父親から「ふたりが怯えてる」って聞いたけど、何を怯えてるんだとか。

すると、新宿のマンションでは、鈴江は左の肩の方向に人がいる気配を感じるようになったというんです。黒い影がいると。香奈江は自分の右側ちょっと真ん中寄りに、やっぱり同じ黒い人影を感じるようになったというんですよ。それがね……沙代子が亡くなる前からだったというのです。それでいつも肩が重い。それはいまも続いているらしいんです。それから、これは沙代子が死んだ直後くらいからのようですが、それまでぼんやりとしていた黒い人影が、はっきりと人の気配となって、近寄ってくるようになった。その気配に目が覚めると、二つの眼が、闇に浮いていたって。

その眼は、人間か、動物かって、聞いてみたら……人の眼だったというんです。それが、暗い部屋の闇の中、二つの眼光が、恨みをこめたように、じっとある、と。それで、怖くなって悲鳴をあげて部屋を逃げ出す。すると、同じタイミングでもうひとりも悲鳴を上げて出てくる。姉妹は別の部屋で寝ています。つまり、ふたりが別々の部屋で、同じ時間に同じモノを見ていたわけです。

その時は、一種のヒステリーじゃないかなと思いました。

そして、そのうち部屋の中に、はっきりと人の形をした影が現れるようになったというんです。それが正座して、イメージとしては裁縫をしている、と。この頃は部屋を真っ暗にして寝るのがふたりとも怖くて、電気をつけたまま寝ていたようですが、その影は、明るい部屋の壁から天井にかけてヌウッとある。影の元はどこにあるのかわからない。これもふたりとも見ています。それから、それが現れた瞬間、心臓にまるで針が刺さったような痛みを感じて、のたうちまわるというんです。特に香奈江の方が。

救急車を呼んだこともあったけど、部屋を出るとケロッと治ったらしい。

――この話からは、沙代子の部屋で見つけた、針がいっぱい刺さった藁人形《わらにんぎょう》が思い出されますよね。でもね、この話は姉妹にしていません。いや、話せない。だから聞いていて寒気がしましたよ……。

そして、新宿の部屋の異臭です。最初に気づいたのは、部屋に連れ込んだボーイ・フレンドだったらしい。

「なんだか、肉の腐ったにおいがするよ」って言われて、そういえば変よね、と消臭剤を置いてみた。そうしたら、逆にその臭いが部屋中に広がった。以来その臭いがどうしても消えなくなって、いや、日に日に酷《ひど》くなっていった。ただ、お香を薫《た》くと少しはましになったので、部屋にいるときは、いつもお香を薫くようになったのだそうです。

新宿の部屋では、お風呂やトイレに入るのが、特に怖かったとも言ってました。トイレは特に異臭が激しくて、入ると嘔吐《おうと》感に襲われたり、めまいがすると。風呂ではね、頭を洗っていると、もう何かが後ろにいるのがわかるって。背中がヒヤヒヤして、背後の空気が動いているのがわかる。それでいつ、ペタリと背中や肩を触られるかわからない。閉じている目を開けると、目の前に顔があるような気がする……。そんなイメージが常に拭《ぬぐ》えなかったらしいです。それから、水捌《みずは》けが悪くなった。といっても高級マンションですからね。そんな簡単に壊れるわけがない。業者を呼んで修理を頼んでも、そのときはなんの異常もないので、何もせずに帰っちゃう。ふたりだけになると、また水捌けが悪くなって……。そのうち、ボーイ・フレンドたちが、彼女らのマンションを怖がって、近づかなくなってしまったのです。まあ、あの頃の彼女らに真の友達なんていなかったのでしょうから、自然と寂しくもなる。そんなこんなで、香奈江は少しずつノイローゼ気味になって、それで部屋を出て、大宮で生活することになったというんです。

まあ、そんな話を、少しずつ聞き出していました。

二日目の夜です。

この日、初めて仏間に入れてもらいました。

そのまま、仏間で徹夜して、島本家の様子を見るわけです。

島本家代々の遺影写真が、ズラリと上に並んでいます。

仏壇は、黒塗りの立派なものでした。その扉は閉じたままで、前に羅盤を置いてみたが、やっぱりうまく動きません。

私はジャージの上下を着て、まありラックスして、じっと耳を澄ませていました。

そのうち、みんなが寝静まる。

周りにはあんまり家もないし、夜中は工場も動いていない。だから本当に物音一つない状態です。ただ、ミシッ、ミシッていう、木のきしむような音がすることはありましたが、立派な木造建築ですからねえ。

ところが、深夜一時二十五分、急に羅盤が動きだしたのです。

「あれ？」

と思った途端、ぅぅぅぅぉおぅぅぅぅう、と獣の唸《うな》り声みたいなものが聞こえだした。それが断続的にする。これはなんだろう。外からするのか、内からしているのかが、わからないんです。野犬でもないし、狼がいるわけないし。すると今度は、仏壇が小刻みにカタカタと揺れだしたのです。

地震ではありません。部屋自体は揺れていない。

私はじっと、その仏壇を観察しました。

揺れている原因がわからない……、でも仏壇自体が揺れてるのは確かなのです。

すると、しばらくして、ピタッと止まりました。

同時に、あの唸り声みたいな音も聞こえなくなりました。

その間、だいたい四、五分くらいです。

その後は、また静かな夜に戻りました。

ところが、早朝、もう一度仏壇が揺れました。

時計を見ると、四時二十四分。

このとき、思いました。

沙代子の推定死亡時刻は、早朝の四時から五時のあいだと聞いていましたが、四時二十四分……もしかしたらこれが正確な死亡時刻じゃないかって……。

揺れはやっぱり四、五分後には収まりました。

ここで島本家の間取りを説明しておきましょう。

玄関を入ると、広い廊下があります。応接間や座敷のある襖《ふすま》が両側に延々と続いて、その先に鈴江と香奈江の部屋が廊下を挟んで向き合ってました。その奥がキッチンとリビング。そこを右手に折れると、その先に木製の開き戸があって、そこが仏間です。二十帖《じょう》の大きな部屋です。仏間の戸の手前には、台所の勝手口がありました。両親は二階で寝ていましたね。

三日目のお昼は、徹夜明けということもあって寝ていました。鈴江と香奈江の様子も、まあ落ち着いていましたし。

その日の夜のことです。
今度は手数珠《てじゅず》を持ち、ひとりで仏壇の前に座りました。
静かな夜。
仏壇の揺れもない。
ただ、風が強く吹いて、窓ガラスをカタカタと叩《たた》いてました。
十一月二十三日、日付が変わりました。
そして、一時二十五分。
また、うぅぅぅおぉぉ、うぅぅぉぉおぅぅぅ、というあの唸り声が聞こえた。今度は人の唸り声にも聞こえる。同時に、また、仏壇がカタカタカタと小刻みに揺れはじめました。
二、三分たったときです。
「ぎゃあああああああ」という物凄《ものすご》い悲鳴が静寂を破ったのです。

家の中が急にバタバタと慌ただしくなった。

はっ、として仏間の戸を開けると、真っ暗なリビングが見えます。

私はその闇を見回しました。

「うわぁぁぁぁぁああ」

悲鳴は断続的に続いている。

すると、悲鳴が移動しだした。

そして、大きな足音とともに奥さんが階段を駆け降りてきた。悲鳴を上げてるのは母親でした。そのままこっちへやってくる。私の目の前を横切って、裸足《はだし》のまま勝手口から外へ出ていったのです。

「ぎゃあああぁぁぁぁ、うわぁぁぁぁ」という声が、風の中でどんどん遠ざかっていく。

続いて父親が「母さん、母さん」と叫びながらそれを追ってきて、こちらも血相変えて勝手口から出ていきました。私もふたりを追おうとしました。

すると「礼さんはここにいて。なんでもないから」と姉妹に押し留《とど》められて、部屋の外側から鍵《かぎ》を閉められた。

仏間から、出られません。

そして、そのまま朝を迎えました。

四時二十四分、やっぱり仏壇の揺れがありました。


その日の朝ごはんのとき、奥さんがいません。

姉妹も父親も、ただ黙ってご飯を食べています。

それから、お手伝いさんの姿も見かけませんでした。

「あのう、お父さん、昨日の夜のことなんですけども……」

そう聞くと「ああ、あれ、お聞きになりましたか」と、頭《こうべ》を垂れるんです。

「何があったかお話ししていただかないと、私には何もできませんよ」

「実はね、また、首を絞められる感触で目を覚ましたというんです。そしたら若い女が笑いながらのしかかって、妻の首を絞めていたと。それがね、初めてなんですよ、具体的に人物を見たと言ったのは……。若い女……と言ってました」

やっぱり母親に何かが起こっている。

「お電話でもお母さんがと、そうおっしゃってましたよね。こんなことは、よくあるんですか？」

「ええ、実は二年ほど前からでしょうか。頻繁にありまして。それで新潟の大学病院にも連れていったのですが、なんともないと言われてしまいました。どうしようもないんです。でも、以前はね、それでもせいぜい月に一度、二度だったものが、最近はことに多くなってきて。でもねえ……、あんなに取り乱して表に出たのは、昨夜が初めてなんです」

「そこに法則とか、決まった間隔はありませんか？　週何度とか、決まった曜日とか、それから時間」

「それが、不思議なんですよ。決まって、日曜日か木曜日なんです……」

瞬時に、あの血文字のノートを思い出しました。

日曜日と木曜日に記された、呪いの言葉。

しかも、その朝は十一月二十三日。沙代子の三回目の命日です。

「お父さん、実はね、仏壇がおかしいんですよ。一時二十五分と四時二十四分に、勝手に揺れだしたんです。昨日も今朝もです。この時間に覚えは？」

「……そういえば、いつも妻が首を絞められてうなされるのは一時半頃です。早朝には落ち着いて、あとはなんともなくなるんです」

やっぱり……、いや、しかし……。

ともかく、奥さんは部屋に安静に寝かせてあるので、いまは心配ないからと、そう言われました。

――しかし、なぜ奥さんなのでしょうか。

四日目は東京へ戻る日でしたので、父親の車で駅まで送ってもらいました。電車まで時間があったので、父親と近くの喫茶店に入り、少し話をしました。

「うちのヤツは、どうして夜中に首を絞められるのでしょう？　やっぱり祟《たた》りなのでしょうか」と聞いてきた。

祟りなんて迷信です。あるわけない。そう言いたいところでしたが、正直、島本家で体験した連夜の出来事を考えると、これは何かあるな、と思う自分があった。それは、私自身が知りたい。だから父親に疑問を投げかけました。

「お父さん、何か隠していることあるでしょう」

すると父親は話してくれました。

奥さんは普段、人の前ではあんなにやさしくて、愛想もいい。でも気性が激しいところがあるのだと。あの工場は、奥さんの甲斐性《かいしょう》でできたようなものらしく、だからあの工場の社長は母親で、父親が専務だったのです。奥さんは昔、東京で、ある有名デザイナーと一緒に仕事をしていたらしい。そして横浜《よこはま》、名古屋《なごや》と進出していき、どんどん事業を拡大していったのです。ところが、そのデザイナーと商標か何かの件でもめて、それを、どういう手段を使ったのか、島本家のブランドにしてしまった。それで島本家は大きな財を得たというんです。そのやり方がね……と、言いかけた父親は口をつぐんだ。

そういえば、島本家に滞在していたとき、母親のそんな一面を見ました。

二日目のことでした。

昼間、お客さんが来ていたみたいでね。廊下をうろうろしていたら「伊東さん、ごめんなさい、ちょっとお客さんが来ちゃったのよ。部屋に入っていただけますか」って追い払われた。

すると、リビングから奥さんの声が聞こえてきました。

「あんたね、利息も払えないで何言ってんだ。アタシをいったい、誰だと思ってんのよ」ってね、相手に啖呵《たんか》を切っていた……。

それから父親はこんなことも言っていました。

「まあ、恥ずかしい話をするわけですが、ご存じの通り、私も極道だったわけです。その頃、上越高田《じょうえつたかだ》のスナックに若い女がいて、私、その女を孕《はら》ませてしまったんです。まあ、極道を気取っていたわけですから、その子供は産ませて、私も認知したんです。女は妾《めかけ》として囲おうとしたんですね。そしたらヤツはそれを承知しませんでした。それでね、さんざんその女に嫌がらせをした挙げ句、この土地から追い出してしまったんです。スナックの女は、もうこの土地にはいられないって、子供を抱えて逃げるように出ていった……。それで、そのとき、ヤツは何をしたと思います?」

「……なんですか?」

「女のアパートの玄関に、犬の生首を置いたのです」

えぇっ!

思わず声を上げてしまいました。

そして、ピンときた。

あの姉妹の沙代子へのいじめ、あれは母親もグルだったのです。

きっと、姉妹に母親が指示していたんですよ。

ようやくわかりました。いままで父親はいろんなサインを出していたのです。それに私が気がつかなかった。

家族のことを心配し、考えてはくれているが、どうもやりすぎることがある。

そして、しきりに家系のことを気にして、四国の出身で、祖先は落人《おちうど》が、どうのって……。

――これはね、あくまでそのときの、私の直感ですよ。

その犬の首は、おそらく蠱《こ》です。

蠱というのは数匹の虫や爬虫類《はちゆうるい》を皿や壺《つぼ》に入れて、餌を与えずにいる。すると共喰《ぐ》いが起こって、淘汰《とうた》されて、最後に一匹だけが残りますね。この一匹を人に与えたり、灰に焼いたものを服《の》ませたりすると、使われた者は滅び、使った者は富むというんです。これは大昔に中国から伝わった呪詛《じゆそ》です。

そして四国には、これを犬でやる犬蠱《けんこ》というのが伝わっています。たとえば、飢えた犬を土の中に生き埋めにして、頭だけを出しておく。その犬の前には食べ物を置いておきます。犬は食べ物を前にしながら、飢えて飢えて恨んで死ぬ。そしてこの犬の怨念《おんねん》、恨みを利用して、相手の子孫までをも祟るよう念じるといいます。

おそらく、あの犬の首は蠱です。姉妹は、それを母親から教わったのです。そうして、実践したのでしょう……。

私の考えすぎかもしれません。でも、そう考えないと犬の生首という発想は生まれないし、若い女が、犬を殺すという行為にもいきつかない……。

仮にそうだとすると、沙代子が藁人形《わらにんぎよう》で姉妹に呪詛を行う以前に、姉妹が沙代子に蠱で、呪詛をかけたことになる。

それを考えると、正直、身の毛もよだちました。

ただ、そのことを父親に問い質《ただ》す気は、ありませんでした。

父親はきっと何かを察している。でも、詳しいことは知らないでしょう。

それは女だけの、秘密の儀式……だったはずですから。

だから奥さんに異変が起きているのだと、父親は言いたいんです。

でもねえ、そうだとして、沙代子はそれを知っていたのだろうかってことですよ。

まあ、この段階では、何もわかりませんでした。

そのうち私の乗る電車の時間がきました。

別れ際に、父親からこんな言葉を聞きました。

「私は、それでも、そういう因縁を一切信じないできました。でも、そのツケがきたんだと思います。そしてうちの娘ふたりは呪われた子なんだ。なまなりさんに、魅入られたのに違いない……」

「なまなりさん。なんですか、それ」

「怨霊《おんりょう》、生霊《いきりょう》のことを、このあたりでは、そういうんです」

なまなりさん……。このとき、初めてその存在を知ったのです。

メール

東京に戻ってからは、島本姉妹とパソコンでメールのやりとりをするようになりました。

結局あのときは調査をしただけで、何もできませんでしたから。だから、まあせめてもの罪滅ぼしです。今後何かあったら、相談にのるから、メールを入れておいてくれと、メールアドレスを伝えておきました。

その後、彼女たちからメールが届くようになったのです。

内容はちょっとしたプライベートのこと、ささいなこと。このあたりは、普通の女の子っていう感じでしたね。あの六本木で店を借り切っていた女とは思えない。そういう中で、たまに奇妙な内容のメールが届くのです。

〈いま、モヤッとしたものが歩いてる〉

〈黒い人影が立っている〉

まあ、あんまり具体的なことは書いてこない。

それから、こんなものもありました。

〈呪いとか、祟《たた》りとか、そんなものありませんよね〉

これには、あるかないかは、その考え方次第だ、と返信しました。

そしてあるとき、こんなメールが入っていました。

〈呪い、祟りがあったとしたら、どうすれば防げますか〉

それが、どんな状態のことをいうのか知らないけれど、まず指からでいいから、お塩を一口なめなさい。それがお清めになるから。それが効かなかったら、お清めの水として、薄い塩水を朝、コップで一杯飲む。夜はおちょこでいいから一杯飲む。仏壇に毎日手を合わせて、灯明《とうみょう》の灯《ひ》は絶やさないこと。

そう返事したのです。これは日本従来のお清めの方法です。気休めにはなるかと思って。


この頃、テレビや芸能界の恐怖実話モノという触れ込みの、ホラーコミックの雑誌で私が原作を担当した心霊漫画が連載されていました。

いろいろと心霊相談みたいなものも受けていましたし、そういう取材をする機会も多かったものでしたから。怪談めいた話が自然に集まってきていたのです。それを知った、ある親しくしていた編集長から、漫画にしてみないかと頼まれたのです。

それで、その編集長に姉妹のこと、島本家のことを報告しました。

当然、興味を持ちますよね。ぜひ、鈴江と香奈江に会いたいって言う。

しかし、もうふたりは東京へは来ないという約束なので、それはできない。だったら新潟県の島本家に行ってみる？　と言うと、それは怖いからできない、とんでもないよ、と首を振る。編集長は、そういうことを、どこか信じている人でした。

そこで、メールでやりとりすることになったのです。

もちろん、姉妹には事情を話してのことでね。

華やかな東京の社交界から身を引いて寂しかったのでしょう。彼女たちは快諾してくれました。もちろんマンガになると決まったわけでもないし、なるとしても名前も場所も一切明かさないし、大幅な脚色はするだろうということで。ただ、今回の件は、姉妹も怖がっていますす。それに内容もあまり名誉なことでもないですしね。

それからは稀《まれ》にですが、編集長と姉妹のやりとりがはじまりました。

そんなある夜、外で酒を飲んでいたら、その編集長から電話がありました。

「鈴江からメールが入ってるようなんだけど、うちのパソコンがおかしいんだよ」

「どうおかしいの？」

「全然メールが開かないんだよ。礼さんにもメールがいってると思うんだけど、そっちは見れる？」

自宅に帰ってノートパソコンを見てみた。確かに鈴江からメールがきてました。

こちらのメールは開きました。

そしたらね、画面をクリックすると、ディスプレーがグニャリと曲がるのです。

そのまま編集長に電話して状況を伝えました。

「こっちも変だ。画面が歪《ゆが》むんだよ」

「ウイルスにやられたんじゃないか」

「いや、違う……」

すると、パソコンがガタガタガタと小刻みに揺れだしたのです。

慌てて閉じようとしたけど、閉じない。

小刻みに揺れるパソコンが、机の上を少しずつカタカタと移動しました。なんだか島本家の仏壇を思いだしましてね、さすがに怖くなってきて、慌てて電源を切りました。そうするしかないと思って。そしたらディスプレーの中に渦がぐるりと巻いて、パッと消えた。同時に揺れも収まった。

パソコンはそれっきり動かなくなりました。

これは島本家に何かあったな、と思ってすぐに電話したのです。

そうしたら、鈴江が出た。

「メールした?」

「しました。そしたら大変なことになっちゃった。うちのパソコン、燃えちゃったんです」

「燃えた？」

メールを送信した途端、ジジジジッと妙な音がしてパソコンが発火したらしい。

「で、何を送ったの？」

「香奈江がヘンなんです」

「ヘン？」

「沙代子が来た、沙代子が来たって、怯《おび》えてるんです」

「どういうこと？」

「わからないです。とにかく、怯えて、謝ってるんです」

「香奈ちゃんと話せる？」

「いま、眠らせたところなんで、ちょっと起こせません」

「謝ってるって、君も見たの？」

「ええ、床の上で土下座してるの。とにかくそれがフッと解けたようになった途端、気を失って。いま、寝かしつけたところです」

——変でしょ？

ここで、はじめて向こうから〝沙代子〟の名前があがったのです。

でも、なんでいまになって。

疑問に思って聞きました。

「それが沙代子って、なぜわかるんだろう？」

でも鈴江は「私にはわかりません。わかりません」と言うばかりでした。

これでは状況がよくわからない。

ところが次の日から、編集長がこの件について、えらく怖がりだしました。

鈴江からメールが届いたパソコンが、翌朝からは動かなくなったというんです。修理に出したけど直らないと言われた。中で発火したような状態になっていたらしくて。

それから、編集部のパソコンの何台かに、鈴江からのメールが届くようになったのです。

もちろん鈴江が知るはずもないメールアドレスです。これも、見ようとしても開かない。やがてそのパソコンはそれっきり作動しなくなる。それと、編集部は徹夜勤務をしていることが多いのですが、メールがきた日の夜遅くに地震があったというんです。かなり揺れたというんですが、外部の人間に聞いても、そんなものなかったよって否定されたと言う。それで、島本家の祟りがうちにきたんじゃないかって、編集部のみんなが怖がりだしたらしい。

祟りとの因果は別にしても、鈴江のパソコンは発火して使えないはずです。

念のため鈴江に電話して聞いてみても、メールはしていないと言うんです。

「いままで使っていたパソコンは、父のものでして、あれが燃えてからは、工場に行かないとパソコンがないんです」

じゃあ、誰が編集部宛《あて》にメールを送ったのでしょう？

その後、編集長と連絡がとれなくなりました。

いや、なぜか避けられるようになったのです。

そして、原作の漫画もいつの間にか打ち切られ、しばらくして雑誌そのものが廃刊になった。

編集長はその後、雲隠れしてしまって、いま、彼がどこにいるのかわかりません。

少なくとも、この業界にはいないみたいで……。

何があったのかは、わかりません。

沙代子が来る

その後の健治ですが――。

制作会社を辞めてからも、しばらくはフリーでカメラマンをやってました。

それが、ついに業界から去って、八王子《はちおうじ》にある運送会社に勤めるようになりました。いい腕をしていたので、辞めてほしくなかったのですがね。

その頃、私も制作会社を立ち上げまして、会社の代表になったんです。だから健治にうちの専属にならないかって誘いましたが、断られました……。

レンズの向こうに、あの姉妹がいる気がする。

渋谷や新宿、赤坂、六本木……東京の街並みを見ると、沙代子を思い出す。

とにかく、あまりにショックが大きすぎたのです。それがまだ癒《い》えない。

だから、都心から離れようとしたのでしょう。

でも、高円寺のスナックTには来てました。

ここだけは嫌がりませんでしたね。

ママがいると安心するみたいで、ちょっと、頼っていたところもあったかな。それに、やっぱり仲間の集まる場所ですし。

だから、よく一緒に飲みましたよ。

ノリさんも来るから、私や健治やママがいると、平和だったあの頃に戻ったみたいで……。

そんなある日、健治が沙代子の妹の今日子を店に連れてきたんです。

みんな驚いた。

どうもふたりはつきあってるらしい。

今日子は前にも言ったとおり、沙代子に似ています。顔も、雰囲気も。ただちょっと細めで、華奢《きゃしゃ》な感じ。沙代子は長女らしく、どこかで身を律していたところがあったけど、今日子は自由奔放なところがあった。でも、おおらかで、明るくて、しっかりしたいい娘です。

今日子は北海道の大学を卒業して、そのまま地元の船舶会社に入社したのです。その後、東京支社に転勤していたんですよ。それが、たまたま健治がいた会社の取引先だった。そこで偶然再会したというんですね。

これも縁だって、みんなその交際には反対しなかった。

私も、健治が今日子と一緒になるようだったら、それが沙代子への供養になると思って、そっと見守ってました。

きっと沙代子もそれを望んでいると。

さて……、私が最初に島本家の調査をした翌年の、七月初めの頃。

私はある撮影にかかりっきりで、携帯電話にも出れない状態が続いてました。

後でまとめて着信履歴を見てみると、久しぶりに鈴江から、しかも何本も留守録が入っていたのです。それが——。

「香奈江が、酷《ひど》く怯えています。沙代子が来る、沙代子が来るって。たすけてください」

「私、鬼を見ました。礼さん、鬼って本当にいるんでしょうか？」

その翌日は——。

「香奈江の身に大変なことが起こりました。至急、ご連絡ください」

「礼さん、お願い、たすけて、妹と私をたすけて」

もちろん心配になって、鈴江に電話しましたが、出なかった。

ちょっと胸騒ぎがしたのですが、しばらくして鈴江から電話があった。

「やっとお電話くださいましたね」

「撮影中で、なかなか出られなかったんだ。で、どうしたの」

「いま、病院です」

妹の香奈江が、しばらく入院することになったらしい。

「言っても信じてもらえないと思います。ですから、今日、ビデオテープを礼さん宛に送りました。とにかくそれを観てください。私と香奈江の幼馴染《おさななじ》みの結婚披露宴を撮ったものなんですけど……。ビデオをご覧になったら、その後すぐにお電話いただけますか？　詳しいことはそのときお話しいたします。それでは、お待ちしてます」


翌日、一本のビデオテープが宅配で送られてきました。

どこかのホテルの宴会場。沢山の丸テーブルに大勢の着飾った男女が座っての会食風景。一段高いところには、新郎新婦の姿。間違いなく結婚披露宴の風景です。その規模から見ると、旧家同士の結婚なのでしょう。映像は断続的で、しかも構図が広い。業者じゃなくて、これは明らかに招待客の誰かが撮ったものです。

しばらく見ているうちに、和やかな風景の中で「ぎゃあああ！」という凄《すご》い悲鳴が起こったのです。

その直後、ざわめきの中に、小さく、女の声が聞こえてきた。

「ごめんなさい、ごめんなさい、ごめんなさい……」

前のテーブルで、にこやかに談笑している男女を撮っていたカメラの持ち主は、慌ててその声の方向にレンズを向けました。

すると、少し離れたところに、床にうずくまるようにして、頭を下げている女が映っている。

そのそばに、もうひとりの女性、これは鈴江とすぐわかりました、鈴江が女の肩を揺さぶるようにして「香奈江、香奈江、しっかりしなさい。香奈江！」と大声を出している。

女は、まだ謝って、しきりに頭を床にすりつけるようにしている。

周りの人たちも、ざわざわと、それを遠巻きに囲むように立ちだして……。

カメラはようやく、そのうずくまっている女に接近しました。

香奈江でした。

すると、鈴江が香奈江の頭にサッと自分の上着を被《かぶ》せたかと思うと「見世物じゃないのよ。映さないでよ。あっち行ってよ」と、カメラに向かって怒鳴っている。

「床だよ、床撮れよ」って男の声がして、レンズが床を映した。

床には長い髪の毛がバッサリと束のようになって落ちている――。

そこで、映像は終わりました。

なんだこれは？

即座に、鈴江へ電話しました。

「観たよ、ビデオ……。結婚披露宴。あれはいったい、なんだ？」

「私も、それを聞きたいんです」

「状況を説明してくれよ。宴会場で君は何を見たんだ。見たことだけ、言ってくれればいいから」

「実はその前夜からなんですよ、妙なことが起こったのは……」

次の日は幼馴染みの結婚式だから、ドレスやアクセサリーなんかを妹とふたりで用意していたんです。そしたら、急に……影が出たんです。部屋に私たちふたりしかいません。なのに、三人目の影が……。

でも、影って黒いでしょ。その影も黒いんだけども、普通の黒さじゃないんです。なんていうのか……どす黒いって感じ。影の質感がおかしい……。それが、ずんずんと天井まで伸びていきました。

私たちふたりは、恐怖で声もあげることができず、身を寄せ合って座り込んでしまいました。

それは女でした。確かに女の影だとわかります。東京のマンションで、よく見た影。あれが来た、って怖くなりました。

でもよく見ると、あのときとは影の形が違うんです。

頭から突起みたいなものが出ている。

――鬼の角、そう思いました。

その影がふっと手を振り上げました。その手には槌《つち》のようなものを持って、しきりに何かを打ちつけるような動作をします。

すると……。コン、コン、コンという音が、頭の中に響きました。

途端に私は、身体が棒のように硬直して動かなくなったんです。そのまま床に倒れると、心臓に凄い痛みが走りました。グサッ、グサッて、えぐるような。

もう苦しくって、苦しくって……でも身体は硬直して動けません。だから身悶《みもだ》えることさえもできなくって……。

でも、意識だけはハッキリしているんです。そんなの、地獄ですよ……。

助けて、って、声を出そうとしても出ないし。頭すらも動かすことができないので、私の眼はその鬼の影と香奈江を見たまま……。

突然、香奈江が悲鳴を上げました。

そしてね……、沙代子が来た、沙代子が来た、と怯《おび》えながら、うずくまってしきりに謝りだしたんです。ごめんなさい、沙代子さんごめんなさいっ、て。

私には、鬼に見えるし、妹は、それが沙代子だというんです。

そしたら、父と母が部屋に入ってきた。その瞬間、影がひゅうっと、どこかへ行くように消えてなくなりました。同時に私の身体も動くようになって、心臓の痛みもなくなった——。私も妹も、同時に、わっと泣きだして、父と母は、私たちを抱き締めてくれて、しきりになだめてくれたんです。明日は大切な友だちの結婚式なんだから、しっかりしなさい。幸せな席なんだから、その幸せを分けてもらって、うちへ持って帰ってくるんだよって。でも香奈江は真っ青になって、そのうち身体が痙攣《けいれん》を起こしはじめて……。それでなんとかその日は寝かせつけました……。

そして、結婚式の当日です。

どうにか妹も持ち直して、一緒に結婚披露宴に出席しました。ちょうど食事のときです。目の前のテーブルの上を、ふっと影が通ったんです。あっ、昨夜の鬼が来た、そう思いました。その影は隣の香奈江のところで、ぴたっと止まりました。はっと、香奈江を見ると、髪の毛がもぞもぞと動いている。「なに？」と思った瞬間です。香奈江が悲鳴をあげました。その瞬間、香奈江の髪の毛が、ズルズルと抜けて、床に落ちたんです。

私はパニックになって。香奈江の頭を見たら、髪の毛がほとんど抜け落ちて……。香奈江は金切り声をあげて、床に這《は》いつくばって、謝りだしました。

ごめんなさい、沙代子さん、ごめんなさい、ごめんなさい……。

周りの人たちは一瞬凍りついたようになりましたが、すぐに近くのテーブルの人たちが騒ぎだしたんで、それで私は香奈江を庇《かば》うように連れ出して、そのまま家に戻ったんです……。

……なんとも奇妙な話です。

その後、帰りのタクシーで香奈江はずっと震えながら「沙代子さん、ごめんなさい、沙代子さん、ごめんなさい」と、うわごとのように繰り返していた。家に戻ると、香奈江を寝かしつけ、両親と相談した結果、病院へ連れていくことになったというんです。

「……ねぇ、礼さん、私にはあの影が確かに鬼に見えたんです。妹は沙代子だと言って怯えていました……。礼さん、鬼っているんですか？　鬼ってなんですか？　私の見たものはなんですか、ねえ、礼さん。妹の髪が突然抜け落ちるっていうのは、鬼の仕業じゃあないんですか？　ねえ、礼さん、答えて」

電話の向こうで、鈴江は明らかに怯えている……。

この話を聞いて、丑《うし》の刻《こく》参りを思い出しませんか？

私は、そんなイメージを持ったのです。

鈴江の見た、頭の角のような突起物は、おそらく鉄の鉢巻きといわれる、五徳《ごとく》でしょう。火鉢の中にある、鉄瓶を置くための鉄の器具のことです。これを逆さにして頭に載せる。すると三本の脚の部分が上を向くので、頭の上に突起物ができます。本来、ここに蠟燭《ろうそく》を括《くく》りつけるわけです。

そして、手を振り上げて何かを打ち込む、というのは明らかに人形に釘《くぎ》を打ち込む所作ですよね。しかも、丑の刻参り、というくらいですから、深夜に行う。これはもう鬼と化さないと、できない……。鈴江が鬼をイメージするのは、そういうことでしょう。でもね、たとえ沙代子の呪いだとしても、彼女のやったことは、丑の刻参りとは、また違うんです。同じ藁人形《わらにんぎょう》の呪詛《じゅそ》でも……。

沙代子は、自室に籠《こも》って藁人形にまち針を刺して呪詛をしていた。でも、丑の刻参りは、神社の境内の木に釘を打ち込むというのが本来のものです。だから、似ているようだけど、違う。

沙代子に対する懺悔《ざんげ》の気持ちが、いままであった恐怖体験とも相まって生んだ思い込みだと解釈したかったのですが……。でも、となると、香奈江の髪の毛がいきなり抜け落ちたということはどう説明するのか……。ストレス？　そんなバカな……。やっぱり、これは得体の知れない何かが、あの姉妹にまとわりついている。そういう可能性も考えたくもなる。

こんな状況で、鈴江に「呪いも祟《たた》りもない。鬼なんていない。バカなことを言ってるんじゃない」とは言い切れない自分があった。

祟りや呪いを、一般常識にとらわれて否定ばかりしていると、いざというとき、姉妹を救ってやることができないんじゃないか。私は金剛院流の法会師《ほうえし》として考えなきゃならない立場にあると気づいたんです。でも、まだ実際には何もわからない。だからそのとき、鈴江には、安心して医者にまかせるよう言ったのでした。

そう言うしかなかったのです。

「礼さん、見捨てないでよ……」

そしてまた、島本家との連絡はしばらく途絶えることになりました。

貴船

ところが、丁度その夜のこと。

健治から呼び出しの電話があった。

「いつものスナックで、待ってます」と言うんですが、様子がおかしいことに気づきました。

すぐに駆けつけると、そこに健治と今日子がいた。

私が椅子に座るなり、いきなり今日子が「伊東さん、貴船《きぶね》神社って知ってます？」と聞かれました。

このタイミングに、ちょっと驚いた。貴船は、丑の刻参りの発祥の神社といわれています。それで「知ってるよ、京都の鞍馬山《くらまやま》にある神社だろ」って、まあ表面上は何気なく答えたのですが……。

「実はね、会社の慰安旅行で京都に行っていたんです。それで昨日、帰ってきたところなんですけど。それでね、旅行中にみんなで鞍馬山に行ったんです」

そう言って、今日子はこんな話をしはじめたのです。

今日子が、会社の同僚と鞍馬山の川床で昼食を食べていたとき。

同僚のひとりが「知ってる？　この辺りさあ、呪いの伝説があるんだよ」と言いだした。

「行ってみる？　なんか面白いものがあるかもしれないよ」と誘われて、今日子は数人で森の中に入ったというのです。

「ここが、貴船神社の奥院といって、この裏手に呪詛の藁人形とかがあるんだよ」と、同僚が説明しはじめました。

今日子はそれを本気にしたわけじゃなかったのですが、ただの好奇心で、どんどん森の奥へと入ってみました。

すると、今日子は急に何かに魅入られたような気分になって、勝手に足が奥へ奥へと向いていったというのです。

「ちょっと今日子、どこ行くのよ」

同僚たちが背後から呼んでいる声が聞こえるんですが、どうにもならなくて……。

ふっと足が止まったら、急に我に返った。

目の前に大きな木があって、大きな釘で打ちつけられたものを見ました。

呪　島本鈴江
　　島本香奈江

そう書かれた布が、打ちつけられていた。

その文字は、赤茶けたものだったそうです。

沙代子の部屋で見つけた藁人形に縫いつけてあった布と、おそらく同じもの。しかも、その下にはボロボロになったお守り袋みたいなものが、一緒に打ちつけてありました。

今日子はびっくりして、悲鳴をあげそうになりながらも、これは明らかに姉のしたことだ。偶然じゃない。私は姉に呼ばれたんだ、と思い直して、怖かったけど、その袋を釘からそっと抜いて持って帰ってきた……。

「それが、これなんです……」

今日子はカウンターにボロボロになって変色している小さな布袋を出しました。

「中を見てください」

そう言われて、袋の中のものを摘《つま》み出しました。

出てきたのは、幾重にも折られた和紙。

それを広げると、長い髪の毛。十数本くらいあったかな。

でも、まさか、これ――。

だって、つい数時間前に、香奈江の髪の毛が抜け落ちたビデオを観て、話を聞いていたところでしたから驚きました。

でもねえ、沙代子が死んでもう三年半になるんですよ。それなのにこんな袋が、風雪を経て残っているはずがない。常識的にはそう思います。

それにいまの貴船は、そういう伝承を否定しているのです。

しかし、昔の謡曲やお芝居の題材になっているものだから、それを信じて奥院の森の中に入って呪詛の真似ごとをする人も多いとも聞いています。したがって、妙な痕《こん》跡《せき》が絶えないらしい。だから、神社の関係者は毎朝、森の中を調べて、そういうものがあったら処分していると知っていましたから……。

にも、かかわらず、ですよ。誰にも見つからずに、木に打ちつけられたまま、三年半もの月日の中で、残っていたというのは……？

それは考えられない。

じゃあ、いま目の前にあるものは、と言われると……。

そうなると、気になってきた。

あの石垣島から届いた、遺書めいた手紙に書いてあった恨みの言葉。沙代子はそれをここで実践しようとしたのでは……？

でも――。

「……まさか」

思わずそのひと言だけが出た。

私の隣に座った健治が言いました。

「兄貴、ところがね、これだけでなく、今日子はその木の下を掘ってみたんです。そしたら、こんなものが埋まっていた……」

指輪です。

「この指輪は、沙代子のです」

「おい、嘘だろ」

「本当です。これは、沙代子とつき合いはじめた頃、自分が買ってやったものです。婚約指輪とは別に。これはハンカチに包んで埋めてあったそうです。今日子がこの袋を木から外したとき、足元にも何か埋まっていると、なぜか直感が働いた。それで掘ってみたというんです。まさかとは思ったので、これを購入した宝石屋に今日持っていって、鑑定してもらいました。そしたら間違いないと」

「じゃあ……、その貴船の奥院で、沙代子は……？」

「ええ、おそらく」

何か、悪夢でも見ている……、そんな感覚です。

そしたら、健治がポツリと言いました。

「沖縄に行く途中で京都に寄ったのでしょうか……。しばらく連絡が取れなかった期間がありましたから。おそらくそのとき、京都にいたんです」

やはり何かが起こっている。

私の頭の中の考えではなく、肌がそう感じていました。

仏壇

最初に島本家を訪問してから、ちょうど三年後。

また島本家から連絡があったのです。

このとき、電話してきたのは父親でした。

「伊東さん、ご無沙汰《ぶさた》しております。あの……なんとかたすけていただきたくって、お電話しました」と、もう声に力がない。

やっぱり、異変は収まっていなかった……、そう直感しました。

「お父さん、あれから、どうなったのですか?」

「いや、もうなんと申しますか……、娘たちが、参っちゃいましてね。このままでは私たちも、どうなるか……」

このときはもう、すぐに承諾しました。

これ以上放っておいたら、大変なことになるかもしれない。

「わかりました。行くだけは、行ってみましょう……。一週間泊まらせてください。

六日間、もう一度徹底的に調査して、七日目に金剛院式のお祓《はら》いを行います。そのあいだ、これまであったこと、見たことは、隠さず全部話してください。それを記録にとりますが、いいですね」

そして、準備に一週間待ってくださいと、お願いしました。

沖縄の金剛院流の師匠に会っておきたかったのです。

それから、映像クルーを三人連れていくことも了承してもらいました。

もしかしたら、カメラで認識できる現象があるかもしれないし、また、資料としても持っておきたかったものでね。

お師匠さんからは、お祓いのための道具を借りました。それから集中して、山籠《ごも》りもしました。そうして東京に戻り、すぐに新潟へ出発しました。

連れていったのは、私の会社に所属している若いスタッフです。

カメラマンの久保川《くぼかわ》は三十二歳、助手の原田《はらだ》と、音声の里崎《さとざき》は二十代。里崎は大学出たての女の子で、原田の婚約者でした。

でね、また途中で気がつきました。

今度も沙代子の命日が、その六日目にあたっていた。七回忌です。

新潟へ向かう新幹線の中で、今度ばかりは、ずっと胸騒ぎがしていました。

とんでもないことが待っているに違いないと。

A駅には、鈴江も香奈江もいない。父親だけが迎えてくれました。

三年ぶりの島本家……。

ところが、工場が閉鎖されていたのです。

噂がたったんですよ。呪われた家だと――。だから、取引先がどんどん逃げたらしいんですね。従業員たちまでもが、怖い、怖い、といっては次々と辞めていったらしい。そうなると新しい人は入ってこない。それから、実は敷地の隣に一軒だけ民家があったのですが。ここの家族も引っ越して、もう周囲には誰もいなくなっていると、父親が言うんです。

大きな木の門扉が開いた。入ると、あの楠《くす》の木が枯れているのです。

父親が、島本家の氏神様だと話していた大木が……。

家の中に入ると、暖房は入っているというのに、中は凍えるように冷たい。それに空気が外とは違う。なんでしょう、酸素が不足しているという感じなんです。

鈴江が出てきて、挨拶《あいさつ》をしてくれたのですが、驚きました。

あの絶世の美女が、まるでドクロのように痩《や》せ細って、目だけがギョロギョロしている。それに、髪の毛が薄くなっているうえに、円形脱毛症になってしまって。肌も皮膚病でしょうか、痛々しい発疹《はっしん》ができていた。

私を見ると「礼さんっ、会えてよかった」って、泣きつかれました。

「香奈ちゃんは？」

すると、首を横に振って「あんまり、よくないんです」と言う。

奥へ入ると、縁側に母親が立っていました。挨拶しようと近づいても、我々に気づく様子もなく、庭の方を見て小声で「香奈江、香奈江」とつぶやいてる。

「母さん、伊東さんたちがいらしたよ。挨拶しないか」

父親が声を掛けると、ハッとしたように私らを見て「ああ、よくお越しになりました」って、その場で土下座しました。その目が怯《おび》えていて……。

庭を見ると、幼い女の子が遊ぶような人形を脇に抱えて白いドレスを着た香奈江が、しゃがんでいました。それは後ろ姿で、髪の毛がもうほとんどなかった。うっすらと申し訳程度に残ってて……まるで赤ちゃんの頭みたいでした。ちょっと見たところ、スコップを持って庭の土をほじくりかえして遊んでいるような格好なのですが――。

ふと、香奈江の身体が動いて、土に埋まっている物が見えました。

ギョッとしましたよ。

猫でした。

猫が、土に埋められていて、頭だけ出しているのです。

それは死骸《しがい》でしたけども……。ただ、それは拾ってきたものなのか、香奈江自身で殺《あや》めたものなのかは、わかりません。

その所作は、まるで幼児でしてね。

もう、正気を失っている……。私らの存在に気づかないのです。

香奈江は、猫の頭が出ている隣に、もう一つ穴を掘っていました。そしてその中に、今度は持っていた人形を入れました。そして頭を残して、土を被《かぶ》せはじめたのです。

そういえば、庭がヘンなのです。

「なあに、これ……」里崎は原田の腕にしがみついてる。

庭のあちこちに、幾つもの雛人形《ひなにんぎょう》、キューピー、ヌイグルミ、ビニール人形たちが。土からひょっこり、首だけ出している……。

私は、久保川に目配せをして、早速ビデオカメラの用意をさせました。すると父親が「これは、撮らないでもらえませんか」と止めようとしたのです。

「お父さん、我々が見たもの、聞いたものはすべて記録させてもらうという約束じゃないですか」

「いや、これぱっかりは……。親として、こんな娘の姿を人様に見られるのはまことに忍びない。お願いだから、これぱっかりは撮らないでください」

そう言われると撮るわけにいきません。カメラは引っ込めました。

「礼さん、妹はあれからずっと、沙代子さんに謝り続けて……。でも、呪いって解けないもんなんですね。香奈江……、あんなになっちゃった」

鈴江が私の耳許《みみもと》でそう言ったのです。


その夜は、島本家の過去のこと、いままであったことのすべてを話してくれと、ご両親ふたりの、まあ事情聴取をしました。いままで話していないこと、誰にも言えなかった、この家の過去についてのこと。また、家の先祖や、鈴江と香奈江の出生について、なるべく詳しく話してくれと。

すると奥さんが「これは実に嫌な話なんですけどねえ……」と、こんな話をしてくれたのです。


奥さんは、あの姉妹を産む前に、一度流産しているというんです。男の子でした。もうすぐ産まれるという夜、夢の中に落ち武者が出てきたんですよ。それが血みどろで、兜《かぶと》や鎧《よろい》に弓矢やら刀やらが何本も刺さっている姿。目だけが鋭く光っている。その男の声が聞こえてきた。

「男は殺す。島本家はここで終わる、積もり積もった恨みを晴らしてやる」

ハッとして起きたら、汗がびっしょりで……。

これはただの夢だ夢なんだと、自分にそう言い聞かせましたが、結局、流産でした。

そして二度目の妊娠。

また出産の前日。今度は、夢枕に髪の長い和服姿の女が現れたのです。

その顔はとても穏やかでした。

それが、急に表情を変え、般若《はんにゃ》のような顔になり、こう言いました。

「この子たちを使って、積年の恨みを晴らしてやる。思い知るがいい」

そして生まれたのが鈴江と香奈江の姉妹だという。


話の終わりに「この写真を見てもらいたいんですけどもねぇ……」と言って、一枚の写真を差し出されました。

見ると、モノクロで、ベビーベッドの縁を持って座っている赤ん坊が写っている。

「お母さん、この赤ん坊は？」

「香奈江です」

その写真に、妙な違和感を感じる。

「後ろに、鏡でもあるんですか？」

赤ん坊の後ろに四角い枠のようなものがあって、その中にひとりの女が写り込んでいます。布団のようなものの上に、膝《ひざ》を崩して座っている着物姿の——。赤ん坊を見ながら、長い髪を櫛《くし》でといているように見える。

「何もありませんよ。後ろには箪笥《たんす》しかないんです」

「えっ！」

実際にその部屋を見せてもらいました。ベビーベッドがここにあったとすると、その後ろは……、確かに箪笥。それもかなり年季の入ったものです。そしてその前には、布団を敷いたり、いや人が座れるスペースなんかない。じゃあ、写真に写り込んだ女は？

「さっぱりわかりません、でも、娘たちを産む前に夢に現れた女というのが、これと同じ姿だったような気がしてねぇ……」

父親は、祖先の話をはじめました。

「私たちはねえ、伊東さん。前にも言った通り、祟《たた》りを受ける家系だと伝えられているんです。でもね、信じなかったんです。そんなものないと。聞く耳を持たなかった。そしたら現に、新しく起こした事業はこうして成功するし、お金もどんどん入ってくる。娘たちも美しく育ってくれて。ほら、祟りも、呪いも、迷信だよ、そんなもんないよって……。ところがいまは、こんなになって。報いなのでしょうね、これは」

私はそれよりも母親に、あのことを問い質《ただ》したかった。

「お母さん、あなたは四国の出身でしたね」

「ええ……」

「娘さんたちに、何か呪いの指南をしたでしょう」

すると、奥さんは下を向いて黙ってしまったのです。

「お母さん！」

「………」

「香奈江さんは今日、庭で何をやっていたのですか？」

母親の顔色が変わった。小刻みに震えている……。

「まだわかりませんか！　呪いは、あなたにもきているのでしょ？」

すると「すみませんでした」と、いきなり大声で謝罪されました。

――奥さんは四国の出身。東京へ働きに出て、そこで島本の旦那《だんな》さんと知り合ったのです。

こうなると詳しく知る必要が出てきます。

母親の祖先は戦国時代の武将、清水宗治《しみずむねはる》へさかのぼるという。備中高松城《びっちゅうたかまつ》の城主です。城主になるためには、手段を選ばなかったと言い伝えられている武将。最期は、秀吉軍の水攻めにあい、自決する。宗治の後裔《こうえい》は毛利家《もうり》に残ったのですが、宗治には妾《めかけ》の子供がいた。その子供というのが奥さん方の祖先らしい。その後、その子孫は連綿として恨まれ、疎外され、そしてなぜか非業の死を遂げるというんです。だからこの家系には、さまざまな呪縛《じゅばく》に関する噂が絶えず、また、みんなが悲惨な死に方をするので、その呪詛《じゅそ》を返すことも代々身につけていたのだと……。

「だからね、うちはそうなんですよ」と、母親は泣きながら、話してくれました。

島本家の菩提寺《ぼだいじ》を見たくなったので、どこですかと聞きました。

「はあ、実は、ちょっと遠いんです」

「行ってみたいんですけど」

「わかりました。明日《あした》、ご案内しましょう。でもいまは雪で、行けるかどうか」

その夜は、スタッフ四人で仏間に寝ました。

夜中には「ぎゃあああああっ」という絶叫で、みんな目を覚ましました。でも、それだけで誰も出てこないし、平然としている。

階段の下から、父親に声をかけたら「なんでもないです。ほうっておいてください」という声が、二階から返ってきて……。夜中の絶叫は、もうこの家では日常化しているのでしょう。

「なんでもない、寝ろ」

私は、そう言って、スタッフを落ち着かせました。

「ぎゃあああ……うわあああ……」

そんな悲鳴が、断続的に二階から、田舎の止まった闇の空気を伝わってくる。

それはもう、うちの若い連中も、気味悪がって……。

あとで聞いたことですが、唯一のお隣さんが引っ越したのは、この夜中の悲鳴が原因だったらしいんです。それに、何か恐ろしい気配が、島本家から夜な夜な漂ってきて、お隣さんの子供が精神的にちょっと病んでしまったらしいんです。お手伝いさんも辞めて、あそこは怖いよ、呪われてるよなんて噂を言いふらしていたようです。

これは近所の人たちから聞いた情報です。もう、町では有名だったのです。

あそこは、祟られた家だから近づくなって。


翌日は、父親とスタッフで島本家の墓に行きました。

本当に遠い場所にありました。

M市は新潟県の南西部でしてね、福島県や長野県に近い。そこから車で延々と北東へ走る。新潟県は南北に長いですから。途中、幹線道路から離れて山道を行きます。

そして山形県に入った。

山形県に入ってさらに二、三十分ほど走ったところに閑疎な村があって、そこから林道に入りました。東北の十一月。山間部はもう雪が積もってました。その上をさくさく踏みしめながら、島本家代々の墓地まで、だいぶ歩きました。

やっと着いたというので、足を止めて……いや、驚きました。

なぜか、雪がほとんど積もってない不思議な場所が、ぽつんとある。

その周りは何もなくてね、雑木林があるだけです。

寺もない。

あるのは、大きな墓石が二つ。

それが対になって立っている。

島本家の家紋が、それぞれに彫り込んであって。

それがねえ、二つの墓石が互いに背を向けているんですよ。

それを一体のお地蔵さんが見守っています。

しかも、二つとも土台のコンクリートが割れて、その重みで陥没している。それが原因で斜めに傾いていていて、つっかえ棒が墓石を支えている。

「お父さん……これ……」

みんな、絶句です。

こんな奇妙な墓、見たこともない。

「ここはね。下は岩場になっているんで、本来は墓石が傾くなんて考えられないんです。コンクリートの土台をつき破るなんていうことも、ありえない。これはこの墓の修理を頼んだ業者の方が言っていたことです。でも、こうなんです。この墓石はずっと傾いたままなのです」

「なんで、二つしかお墓がないんですか？」

「そういう、しきたりなんです。私も、妻も、鈴江も、香奈江も、死ねばここに入るんです。前も言いました通り、私の遠い先祖は島根の平家の落人《おちうど》に行きつきます。それが関ケ原《せきがはら》の戦いに参戦して、なんとか世に出ようとしたんですが、敗れてこのあたりに逃げのびたんです。そしてこのあたりを開墾しました。それが島本家の祖先です。この土地から離れるとよくない、という言い伝えが、我が家にありましてね。土地を離れた者はことごとく奇怪な運命を辿《たど》って、祟られて死ぬ。だから、新潟のM市にいまの家を建てたことも、娘たちが東京に出たことも、その言い伝えに反することだったんです。しかし、私はそんなことは信じなかった。迷信も、呪いも、祟りも……」

スタッフはみんな、黙ってしまって……。

もちろん墓石は、ちゃんとビデオに収録しておきました。

二日目の夜です。

異常があったら俺が起こすからと、三人は寝かせて、私ひとりで寝ずの番をしました。墓までの旅が、東京の人間にはちょっとこたえていたものでね、休ませてやりたかったんです。それに、これからが長いですし。

以前は、一時二十五分になると仏壇がカタカタと揺れだして、それから悲鳴があがったのを覚えていたので、電気をつけたまま、じっと仏壇を集中して見ていたのです。

すると、また聞こえてきた。

うぅぅうぉぉぉおおぉぉおうぅぅ……、
おぉぉぅぅぅぅうぉぉぉおぉぅ、
あの、唸《うな》り声。

でもねえ、これは獣じゃない、人間の声だと、このときは確信しました。

それは——、苦しみ蠢《うごめ》く人の怨念《おんねん》の呻《うめ》き声です。

しかも、これは外からじゃない。この部屋の中からしている。そして止まっていた部屋の空気が、渦を巻いているような流れになっています。

お線香に火をつけて、空気の流れを見た。すると、煙が仏壇の前で渦を巻きだした。

久保川が起きだして「なんですか、この声……」と、部屋を見回している。

「おい、起きろ、はじまったぞ」

みんなを起こしました。

原田と里崎は、起きた瞬間、息苦しいと訴えましたが、だんだんとそれも治まって。

一時二十五分になりました。

すると——。

カタカタカタカタカタと、仏壇が揺れだしました。

よく見ていると、閉じている仏壇の観音扉の隙間から、すうっーと、白い煙のようなものが出てきたのです。

「久保川、見えるか」

「見えます。モニターにも映ってます……」

「これ……」

原田も里崎もそれを確かに見ている。すると、その煙のようなものが、お線香の煙をどんどん吸収して、はっきり、蛇のような長い塊《かたまり》と化してました。そのまますると天井に上って、やがて、天井板を這《は》うようにして開き戸に向かっていきます。そして、煙は部屋の外に出た。それから、しばらくたってからですよ。

「ぎゃやあああああっ」と、再び凄《すご》い悲鳴が聞こえてきた。

我々も煙の後を追うように部屋を出ました。このときも、悲鳴は断続的に聞こえるのですが、島本家のほかの部屋には電気一つ点《つ》かないし、誰も起きてこない。

仕方がないので、みんなで仏間に戻った。

「いまの白い煙みたいなもの、撮れたか？」

モニターをチェックしたら、何も撮れていない。つまり、録画ボタンを押して、テープは回っているのに、何も映っていないのです。でもね、なんらかの信号は記録されている。機材は録画の状態にあったわけです。

「そんなバカな」ですよ。

そして早朝四時二十四分、やはり仏壇がガタガタと四、五分揺れました。

次の日は、朝から鈴江も香奈江も部屋に籠《こも》ったきりで、まったく姿を見せませんでした。昨晩の悲鳴と関係があるのでしょうか……。

父親は「あの声は妻のものでして、また首を絞められたそうで……」と言うんですけども——。

実はね、近頃では、悲鳴をあげて暴れても、帯で身体を縛って、朝まで待つことにしているというんです。何度病院へ運んでも、同じことだし、朝の四時二十四分を過ぎると、必ず治まることもわかったからです。

奥さんは、確かに元気で、朝ごはんの用意なんかをしている。

「お母さん、大丈夫ですか」と聞いても「ええ」と返事をして、普通なんです。

ただその首にね、紫色の筋が、何層も何層もある。

それで父親に、いままでこの件に関して、お祓《はら》いや読経《どきょう》をどのくらいやってきたのかを尋ねました。

すると、高野山《こうやさん》や比叡山《ひえいざん》などから何人もの高僧に来てもらったそうなんですが、みんなここを気味悪がって、家に入ろうとしなかったと言うんです。あるとき、黒部渓《くろべ》谷に凄い能力を持った行者がいると聞いたので、見てもらったら「私の力では、どうしようもない」と、あっさり断られたとも……。

あるときは、家の大門の前に雲水坊主が立って、家をじっと見ていたことがあったらしくて、奥さんが、「ここは、私の家ですが、気になることでもありますか?」と声をかけると「この家は黒い。死人が焼け焦げた臭いがする」とだけ言って、どこかへいなくなったらしい。

ともかく、すがるような思いで、いろいろな宗教団体や霊媒師に頼んでみたそうなのですが、うちなら祓える、大丈夫とか言って、いま思うと怪しげな新興宗教やイカサマ師みたいなのが、この家にいっぱい出入りして、結局三千万円ほど使ったというのです。

それでも、状況は悪化する一方だと。

「だから伊東さん、あなたにすがるしかないんです」と言うんですが……。

三日目の夜です。

実はこの日は何も起こりませんでした。

四日目の夜も同様で……。

まあ、毎日あるわけじゃない。

このあいだ鈴江とは話しましたが、香奈江はもうダメなようです。正気じゃない。うつろな目で笑っては、庭に出て、土をほじくって、何かを埋める。そんなことを繰り返しているのです。ただ、たまに正気に戻って「あら、礼さん、いつ来たの」なんて言うときもあります。でもそうなると、決まって、ある一点を恐怖の目で見つめながら「沙代子さん、沙代子さん、ごめんなさい、ごめんなさい」と佇《こ》ウサギのように部屋の隅で縮こまってしまうんです。まるで恐怖を味わうために、正気に戻るという感じで。

鈴江は、どうにか普通の生活をしていましたが、たまに部屋に引き籠って出てこないことがありました。どうやら、彼女には、婚約者がいるらしいのです。

聞けば、福島県の名家だという。金持ちの坊っちゃんです。

あれだけあった島本家の財産も、もうほとんどなくなってましたから、これは金目当ての政略結婚でしょう。鈴江もかつての美貌《びぼう》に輝いていた頃とは違いますしね……。

五日目の夜です。雨が降ってました。

何か起こりそうな気がしたのです。

七回忌の前日でしたから。

島本家の有り様を見て、沙代子は成仏を拒否している。そう確信しました。

何かを察知していたのでしょう。鈴江は婚約者のところへ数日間泊まるといって、結局、戻ってきませんでした。

夜十時頃、仏間にスタッフと入ると、このときは私以外の三人は、なぜか嘔吐《おうと》感に襲われて、里崎は吐いてました。いまからホテルでもとって休むよう言ったのですが、大丈夫ですと我慢をしていました。

いつもの、ミシッ、ミシッという家鳴りが、ひっきりなしでしてね、また音も大きいんです。パンッ、パンッ、バキッ……。家のあちこちが鳴っている。空気も張り詰めて、キリキリとした緊張感がある。

深夜十二時を過ぎたあたりで、里崎が頭が痛いとダウンしたので、別室で寝かせようとしましたが、ひとりは怖いから、みんなと一緒にいたいと訴えました。

一時二十五分を過ぎた。すると、また、仏壇が小刻みに揺れだしました。

久保川がカメラを廻《まわ》そうとしたら、カメラのバッテリーがスウッとなくなるのです。それで、どうしても撮影ができない。

私がピタリと閉じられた仏壇の扉をじっと凝視していると、メリッと家が大きく鳴って……。

その直後です。

キッチンで、いっせいに何かが落ちるような、もの凄い音がしました。

開き戸を開けて勝手口の電気を点けると、キッチンが薄明かりに照らされました。

見ると、キッチンの戸棚という戸棚が全開になり、皿や茶碗《ちゃわん》、コップ、鍋《なべ》といったすべての食器類が床や机の上に山のように落ちていて、瀬戸物なんかはバラバラに割れて、残骸《ざんがい》だらけになってしまいました。

そしたらまた、ドオン、と大きな音がした。

いきなり冷蔵庫の扉が、私らの目の前で開いたのです。そして中にある食料品が滑るようにして床に落ちていきます。

でもね、島本家の者は誰も起きてこないんですよ。

「伊東さん、あれッ」

原田が何かを指差しました。

白い、あの煙みたいなものがキッチンから暗い廊下の天井へと這《は》っている。そして階段へと向かっていたのです。そしたらまた、二階から悲鳴が聞こえてきた。

それがいつもと違う。

「ぐえっ、ぐえええぇぇぇ、ぐわあ！　ぎぇぇぇぇえ！」

私らも二階へ行こうとしたら、父親がすっとんで来ました。

「来ないでください。とにかく、救急車を！」

すぐに奥さんは救急車で運ばれました。

父親もつき添って行ってしまったので、何があったかわからない。とにかく救急車を見送って、家の中へ戻ったら、里崎の悲鳴が聞こえた。

見ると、キッチンに香奈江がいました。

開きっぱなしの冷蔵庫の扉の前に、ペタッと座っている。

そして床に落ちた生肉を食べています。ニヤッと薄笑いをしながら。

グラスや瀬戸物の残骸が散らばっている上に脚をつけているものだから、血だらけで。

それを見て、私もみんなも思わず声をあげました。

香奈江を部屋に戻すため近づくと、スリコギを振り回して激しく抵抗しました。とにかくみんなで押さえ込んで、背中を優しくさすってやると、おとなしくなって……。とりあえず、香奈江を部屋に連れていき、脚の傷は応急処置を施して、彼女を寝かしつけました。

香奈江の部屋からは、新宿のマンションみたいな腐臭がしていました。

その後、みんなでキッチンを片付けましたが、瀬戸物類は全部、一つ残らず割れていました。

朝になって、父親から、新潟の大学病院で奥さんの入院の手続きをしているところだと電話が入りました。香奈江の世話に原田と里崎を残して、私も病院へ見舞いに行きました。

奥さんは元気そうでね、顔色もいい。

でも「もうあの家には、戻りたくない」なんて言っている。

奥さんは昨夜、いつもは首を絞められる若い女に、心臓を摑《つか》まれた、というんです。

その女というのは、一緒に寝ている父親も、なんとなくその気配を感じているようですが……、それ以上はわからない。

でもそんな気配の直後には必ず、奥さんが悲鳴をあげて起きるのだと……。奥さんには、なんとなくその女が見えるらしい。ちゃんとそれは、肉体を持っているかのように重みがあり、ミシミシと音をさせながら部屋を歩くこともある。

だから、夜中に電気を点《つ》けるのは凄《すご》く怖い。明るいとその正体を見てしまいそうで。

だから女の顔や風体は知らないし、知りたくない。だから夜は、電気を消している。

するとたまに、闇から女が突然現れて、身体にのしかかって首を絞められる。その若い女に……。

でも、前夜は初めて、心臓をわし摑みにされたのだというのです。顔ははっきりわからないけど、ニタッと笑ってるのがわかった。ぞっとした瞬間、その女が両手をごりごりと、奥さんの胸の中に入れてゆくのがわかって、そして心臓を摑まれた……。

その手と一緒に、心臓が体外に出よう、出ようと暴れているような感覚で、いっそ殺してくれというほどの激痛が走り、口から泡を吹いたらしい。父親も、これはいつもと違うと気づいて救急車を呼んだんです。

「だからねえ、あんた、もう帰りたくないのよ、あそこには」

「バカ、あの家のほかに、どこへ行けるというんだ。鈴江も香奈江もいるんだぞ」

医者の診立ては、心臓にもどこにも異常はなかった。

とりあえず二、三日の療養ということで、奥さんを入院させたのです。

新潟にいるあいだ、携帯電話をオフにしていました。

東京の雑多なものに触れると、霊的感度みたいなのが弱まるような気がしてましたものでね。それでこの日、病院で待っているあいだ、溜《たま》っている留守録をまとめて聞いたのです。その中にね、健治からのものがありました。それが何度も。

ちょっと不安になったので、連絡をとってみました。

そしたら、ことに最近、今日子の様子がおかしいというんです。

どうおかしいのか聞くと、今日子が夜中に起き上がり、ベッドの上に棒立ちになって、ブツブツと何かをつぶやく。実は、つきあいはじめた頃からそうだったようで、朝になると本人は何も覚えていない……。

そうなんです、沙代子の部屋で、あの藁人形《わらにんぎょう》を見つけたときになった、あの状態があの後もずっと続いていたのです。だから、気にはなっていたけども、怖くて誰にも相談できなかったらしい。ところが、最近は、ブツブツ言うだけでなく、白眼を剝《む》いて、「うぅぅぅぅうぅぅぅぅ」と動物のように唸《うな》ったり、部屋を徘徊《はいかい》するようになった。しかも昨夜は、大きな声で高笑いしたかと思うと、口から泡を吹いて倒れたそうです。それでさすがに心配になり、今日子を病院に入院させたらしい。

「健治、今日子ちゃんが変になる日って、決まってないか？」

聞いてみたら、やっぱり日曜と木曜が多かった。それは健治も気にしていた。ところが最近は、ほぼ毎日になっているというのです。

「健治、もう一つ聞くよ。今日子ちゃんに異変が起こったのは、昨日は何時ごろだった？」

「最近は、ずっと夜中の一時二十分頃なんです。昨晩も……」

「そういうことは俺に全部報告しろよ！」

必ず　おこることがあるから

妹の　今日子には　それがわかると思う

あの、石垣島から届いた沙代子の手紙。あのとき、沙代子は於茂登岳に入り、闇の中で過ごし、身を投げたのです。恨みのノートと藁人形を自宅に残し、さらに貴船で丑《うし》の刻参りをして……。死を覚悟した若い女が、闇の中で何をしていたのか。身を投げてひっかかった木の上で、いったい何を考えていたのか？　姉妹への恨み、呪いの念、それ以外にないでしょう。

彼女の死体の眼は、一点を凝視したまま、閉じなかった。恨みや呪いの念は、残ったのかもしれない。それは手紙にもあるように、今日子の身体を媒介として、怨念《おんねん》となって島本家へ……。

本当は、そう考えたくありませんでした。

おそらく、仏壇が最初に揺れる夜中の一時二十五分というのは、沙代子が飛び降りた時間じゃないかと思います。検死では、木の上で三時間ほど生きていたということでした。つまり、四時二十四分。これは死亡推定時刻内です。

ちょうどその時刻に、仏壇が揺れ、呻《うめ》き声が聞こえる。そして、奥さんの首を絞める何者かが闇の中から現れる。

こんな偶然があるのでしょうか？　いや、頑《かたく》なにこれを偶然と言い切れる根拠があるのか？

そんな気持ちが、このときから揺らぎました。

ただ、それでも、怨念は残るという確実な証拠なり、確信に至るまでの決定打に欠けてはいました。もう少し冷静に神経を研ぎ澄まして、詳細を観察する必要があるかなと――。

ところが、それを確信するものを、私たちはこの目で見ることになるのです。

それが六日目の夜のことでした。

沙代子の七回忌です。

位牌

この夜になってはじめて、仏間を塩で清めました。そして、手数珠を持って手を合わせ、神妙な面持ちで待機しました。電気は消して、初めて仏壇の灯明に灯を入れました。もう、調査はいらない。邪気をなんとか、少しでも祓《はら》いたかったのです。

三人のメンバーにも、今夜だけはカメラも廻《まわ》さず、一緒に回向《えこう》してくれと。

部屋を見回して、気がついたことがありました。

仏間に掛けてある先祖代々の遺影写真の額のガラスに、それぞれヒビが入ってる。

……静かな夜でした。

風も吹かないし、いつもの家鳴りもしない。

そこがかえって不気味だったんですけど。

息を殺して、時間を待って……。

そして、夜中の一時二十五分。

仏壇がギシッ、ギギッ、ギシッと、きしみだした。

それが、いつもの揺れとは違う。

ゆら、ゆら、ゆら……これまでよりも揺れが大きい。

直後に凄い音をたてて、仏壇の片方の扉だけがとれて畳の上に落ちたのです。

その途端、揺れもやみました。

仏壇の扉はピシャと閉じていましたよ。ところが落ちた扉は、観音開きの内側に押さえられている側のものだったのです。

そんなバカな話が……。

それが、目の前で起こったのです。

みんな、あっけにとられて、落ちた扉から眼が離れない……。

もう片方の、外側の扉は仏壇についたままです。

……すると残った外側の扉がひとりでに開いた。

立派な位牌《いはい》が姿を現しました。今度はその位牌までもが、カタカタカタカタと小刻みに揺れはじめて、カタンと前に落ちた。

そして畳の上に、ポトンと立ったのです。

島本家先祖代々……と書かれた位牌が、我々を見ている。

このとき、仏間に父親が血相を変えて入ってきました。

「何があったんだッ」

すると、私たちや父親の前で、位牌が——。

メリメリメリッ、と音をたてはじめた。

高さ四十センチはあろうかという紫色の立派な位牌ですよ。金の縁取りで金文字。島本家の家紋が彫り込んである。そんな立派な位牌が、まるで引きちぎられるように縦に裂けていきます。

信じられませんでしたよ。目の前で起こっていることが。

下まで裂けると、真っ二つに割れて……。

畳に倒れた。

みんな、言葉もありません。

すると父親が「何もなかった、寝る」と言って、部屋に戻ろうとするんです。

「お父さん、これ……」

「いや、古い仏壇だから」と言い残して二階の部屋に入ると、襖《ふすま》を閉じた。

私らはその部屋でそのまま寝ましたよ。

いや、眠れませんでしたけどね。

朝になり、疲れもあって、みんなうとうとしていたら父親が仏間に入ってきた。

「みなさん、どうもありがとう。すぐ送りますから」と言うのです。

「お父さん、今日が最後です。お祓いは今夜ですよ」と抵抗しましたが、追い出されるように駅まで送られた。切符も渡されて……。

そのまま、私たちを駅に残し、父親は去ってしまいました。

なまなりさん

東京に帰って三日後、島本家の父親から電話があった。

「実は私、いま東京にいます。お会いしたいんですけども……」

「お父さん、この間のあれはなんですか。急に追い出すようにして」

私は思わず声を荒らげてしまいましてね。

「申し訳ありません。実は、あんなものを見て気が動転してしまったんです。いったい、あれはなんだったんです？」

もうはっきり言ってやりました。

「あなたたちは、祟《たた》られているんですよ」

祟り——。

仏壇の扉が勝手に外れ、目の前で、位牌がまっ二つに裂けたのです。

これをどう説明すればいいのですか？

それまで霊の存在を否定していたのは、肯定する材料がなかったからです。しかし、もう違う。否定する材料がなくなったのです。いや、否定することは簡単です。何があっても、気のせい、偶然と言えばいい。

でも、ここまで私の見てきたもの、体感したことは、明らかに異常なことです。しかもそれが続いている。島本家の人たちもそれを恐れている。なのに「やっぱり呪いなんてあるわけない」と理屈の中に閉じ込めて、頑《かたく》なに否定し続けることが、私の中では、大きな矛盾を生じさせることになったのです。

だから「祟られている」と父親に言ったのです。

電話の向こうで、父親は無言になってしまいました。

結局、島本の父親とは新宿のKホテルで会うことになりました。

父親は、顔面蒼白《そうはく》だった。

「うちが祟られようが、恨まれようが、それは仕方のないことです。でもね、まさか、みなさんの前であんなことが起こるとは……」

ちなみに父親はあの夜、寝ていると物凄《ものすご》い地響きを感じて、家が壊れるかと思ったそうです。でも、一度だけで地響きがやんだので、これは地震じゃないと思い直し、胸騒ぎがしたそうです。ついにきたと。そしてなぜか、それは仏間で起こっていると直感して、それで飛び込んできたらしいのです。

そして、あの光景を我々と一緒に見た。

「お父さん、用件はなんですか」

「お祓いを……」

流石《さすが》に腹がたちました。

「前回もお祓いしてほしいと言われましたね。それで私たちはお伺いしたのです。わざわざ仕事を調整して、ちゃんと準備もして……。それともあれは、気休めだったんですか」と、怒鳴りましたよ。

「いや、いまは本心からお祓いをしてもらいたいと……、だからわざわざ東京へ出て来たのです」

でも、私はこの後、海外ロケが入っていました。

三ケ月半ほどスペインへ行かなくてはならない。その準備が忙しいし、数日後には日本を発《た》たなきゃならない。だから、その後だったらと約束しました。

今日子の方は、見舞いに行ったら元気そうでした。健治の話によると、普段はまったく異常はないし、生活にもなんの支障もないというんです。ただ、たまに夜中になると、ベッドの上に棒立ちになり、呪文みたいなことをブツブツと口にしたり、獣のように唸《うな》ったりする。かと思えば、夢遊病みたいに部屋を歩き回る。そして突然、ことんと倒れる。しかし、朝起きると何も覚えていない――ということを繰り返しているらしくてね。ことに最近はそれが頻繁になったというのです。だから入院したときも、今日子自身は、朝起きたら病室にいたという状態でしてね。その日も、なんでこんなところにいるのかわからないって顔してました。

そして、健治を病院の廊下に連れ出して、島本家であったこと、見たことを話しました。

あの家はいま、凄《すさ》まじい祟りにあっていると。

それを媒介しているのが今日子です。なんとかしないと、えらいことになるって。

「そうだとしても……それは自業自得なんじゃないかな」

健治らしからぬ言葉ですが、わからないでもない。でも——。

「もう鈴江も香奈江も、ご両親も、充分苦しんでるんだぜ。それにこのままじゃあ、今日子ちゃんだって、どうなるか……」

すると健治が涙を浮かべて訴えました。

「兄貴、俺は怖いんだ。沙代子が死んで来年で七年になろうってのに、まだ、呪いだの、祟りだのって。俺、どうすりゃいいんだ。今日子だって、これからどうなるんだろう」

春に、また新潟の島本家に、お祓《はら》いをしに行くことになっている。よければ今日子と一緒にお祓いを受けてくれないかって、健治に頼んでみました。しかし、無理にとは言えない、お前にとっても、今日子にとっても、島本家は仇《かたき》には違いないんだから。

まあ、考えておいてくれ、といって別れました。

そして、スペインへ飛んだのです。


海外での三ケ月半、正直、不安でした。

島本家はどんどん酷《ひど》くなる一方ですから。

いま、何か起こってないだろうか、島本一家は無事でいるのだろうかってね。健治と今日子のことも頭をよぎります。

いよいよ日本に帰るという二日前、島本家に国際電話をかけてみました。

鈴江が出ました。

「どう、元気?」

「ええ、どうにか。香奈江もね、最近は正気に戻ることも多くなって。だいぶよくなりましたよ」

「お父さんは?」

「ちょっとお待ちください」

そこで、ブツと切れた。

あれ?

すぐにかけ直しました。そしたら、話し中の表示音が聞こえる。それがずっと続いて通話できませんでした。鈴江と香奈江の携帯電話にかけても、まったく同じでね。


日本に帰ったのが、三月十八日。

この日には東京に帰っているからと、島本家に伝えていた。すると案の定、その夜遅くに父親から電話がありました。

「あの、一度お電話くださいましたか？」

「しました、そしたらすぐに切れて、そのまま何度かけてもダメで……」

実は、あの日以来、島本家の中からは、どこへかけても電話が通じなくなったのです。家の電話も、携帯電話も、全部が切れてしまう。だから、家の敷地から出て電話をするしかないと言うんです。

とても信じられない話ですけど。

「でも、現にいまも起きているんですから。この電話も公衆電話からです」

これはどう解釈すべきでしょうか？

そして、また悲痛な声で訴えられました。

「どうか、お祓いしていただけませんでしょうか……。もう、家の中の何から何まですべてが、おかしいんです。私はもう、怖くて怖くて……」

お祓いは約束していましたから、行きますと返事しました。

「だから、お父さん、私の言うことは何があっても絶対に聞いてください。これが最後だと思って」

さっそく準備して、久保川、原田、里崎を再び連れて向かいました。

結局、健治と今日子は来なかった。

でもそれで、よかったのかもしれない。

三度目の島本家です。

ところがその道中、妙なことがありましてねえ……。

M市のA駅へ行くには、まず東京発の新幹線に乗り、大宮経由で長野へ行きます。朝、七時二十三分の東京発に乗った。ところが、大宮で緊急停車がありました。車掌の説明によると、急病人が出たので搬送する、というのですが、なかなか出発しない。また、隣の車両がえらく騒がしいんです。

様子を見に行くと、中年の女性が大声で叫びながら、暴れていました。救急隊の男たちが彼女を押さえようとしても物凄い力で抵抗されて、跳ね飛ばされている……。偶然その女性の連れの方に事情を聞くことができまして、どうやらこの女性が突然、車中で心臓を摑《つか》まれるような激痛に襲われて倒れたそうです。それで、大宮駅の救急隊が担架で運ぼうとしたのですが、ご覧のとおりだというんですよ。だからなかなか女性を降ろすことができない。結局一時間も停車したままでした……。

これを見ていて、私はゾッとしましたよ。だって島本の母親が襲われたのとまったく同じ症状。その状況も、表情も、女性の年恰好《としかっこう》までも似ていた。まさか、とは思いましたがね。

結局、一時間遅れで長野駅に着きました。ここから、信越本線に乗り替えるのですが……。

長野駅でカラスが大量発生していたのです。

カラスの大群が空をおおってて、構内の電線にも真っ黒な塊のようになって、とまっています。それに、閑散としたホームにもカラスが群がっていて……。

何か、死の駅という面持ちで。そりゃあ、気味悪かったですよ。

A駅に降りたら、今度は空気が重くてね。

前に、二度来たときは、こんな状態じゃなかった。

空はよく晴れていました。なのに視界の先が灰色に見えるのです。

乗降客も、ほとんどいなくってね。

スタッフたちも悪い予感がしたのでしょう。里崎なんて駅に着いた途端に、吐き気をもよおしていた。

誰も迎えに来ていないようなので電話してみましたが、やっぱりつながらない。よく見ると、駅前のロータリーに島本家のワンボックスカーが停まってました。中を覗《のぞ》くと、運転席の父親が、車のハンドルを握ったまま、ブルブルと震えていたのです。

島本家に着くとね、枯れていた楠《くす》の木が、もう干《ひ》涸《から》びてまして……。

屋敷の中も、杉のにおいはすっかり消えて、腐臭が、かすかですけど家中を漂いはじめてました。春だというのに、家の中の観葉植物、植木鉢、庭の植物もほとんど枯れている。

温室の中は、植物の墓場みたいで……。

家鳴りもひっきりなしにしている。

何よりも気になったことは、家中いたるところに、衣類や布団、タオルといったものが干してあるのです。それが膨大な量でね。

父親に理由を尋ねると、家中の箪笥《たんす》のひきだしに水が溜《たま》っていたというのです。ひきだしを引くと、ザザァーと水がこぼれ落ちて、衣装が濡《ぬ》れていたのだそうで……。

それで干してある。

そういや、畳もね、じくじくと湿っぽいし、箪笥のまわりをよく見るとカビが生えてる。壁や畳、天井のあちこちにはどす黒い染みや斑点《はんてん》ができていました。

何かよからぬものが……死の影が、潜んでいる……。もうこれは否めない。こんなに、死のにおいというか、生気のない空気を肌で感じたことは初めてでした。

私たちがこの家で最初にやったことは、電話のテストでした。

久保川を庭に出して、島本家の電話から久保川の携帯を呼び出した。なるほど、つながらない。今度は私の携帯を久保川に持たせて、同じことをしてみましたが、やっぱりつながらない。それがね、コールはします。しかし、出ようとしたらフッと切れて、それっきり。次に、私の携帯から、各スタッフへ次々と掛けてみました。逆もやりましたが、やっぱりダメ。つながりません。島本家の周辺もダメでした。携帯電話が使えない。ずっと、数十メートルほど離れると、通常に戻る。不思議ですよね。ただ、島本家には内線があるんですが、これは通話できるのです。ノートパソコンを持ってきていたので、ネットをつないでメールを送信しようとしたら、パソコンもまったくつながらないのです。

島本家からは、外部へ連絡できなくなっている。これじゃあ、何かあったとき、救急車も警察もすぐには呼べないわけですよ。表に出て、最寄りの公衆電話へ走るしかない。

その後は、早速お祓《はら》いの準備にとりかかりました。

まず昼間のうちに、仏間のまわりを、お塩とお酒で清めておきます。

不思議とね、仏間だけは腐臭も不気味さも、まったくしませんでしたね。ただ、先祖の遺影写真が全部外されていた……。父親に聞くと「仏間が夜中にうるさくってね……」、原因はこれかと思って外したのです。そしたら静かになって」と、それしか言わないのですが、これは何かあったのでしょうね……。

ここで、父親には念を押しておきました。

「今夜、金剛院の法会師として出来ることはしますが、本格的に修行した高僧たちのようにはいきませんよ。そして私の言うことは絶対に守ってください。いいですね」実際、これはやっかいな仕事です。覚悟してかからなければ、島本家の人たちだけじゃない。こっちもひっかぶる可能性だってありますから……。

この様子も、もちろんビデオに収録することにしていました。それが私のスタッフの仕事です。ところが、仏間での準備中、原田と里崎の具合が悪くなりました。原田は呼吸ができなくなったと言って、胸を押さえて苦しそうにもがいてる。里崎も、ここに来てからしきりに嘔吐《えず》いている。ぐえっ、ぐえっ、って口を押さえて。

機材だけ置いて帰るように言ったのですが、どうしても応じない。でも、ふたりを見ていると、明らかに仕事は無理な状態でしてね。これじゃあ、お祓いの最中に、何か異変が起きると大変なので、駅前にあるビジネスホテルに部屋をとりました。

そして久保川に、半ば強引に原田と里崎を車でホテルまで送らせました。

ふたりは婚約してましたから。なんとなく、ここに入った瞬間、このふたりをここにいさせてはダメだという胸騒ぎがしたんですよ。

久保川がホテルから戻ったとき、ふたりの様子を聞くと、島本家の敷地を越えた途端に顔色がよくなったらしい。ふたりは仕事に戻りたがっていたけど、安静にしておくようにと言って、置いてきたようです。

久保川に体調を聞くと「ええ、私は平気です」と答えたのですが、久保川も耐えていたんです。本当は嘔吐《おうと》感や頭痛と戦っていた。

彼は、母方の実家がお寺だそうで、般若心経《はんにゃしんぎょう》くらいなら唱えられるのです。だから、具合が悪くなったり、空気が変わったり、邪気を感じると、ぶつぶつと般若心経を唱えていました。現にこの日はずっと、ぶつぶつ言っていましたから。

夜八時、琉球金剛院流のお祓いを開始しました。

このやり方を、説明する必要がありますね。

まず、仏壇の前に簡単な祭壇を作り、水晶玉を置きます。これは破邪乃御魂《はじゃのみたま》といって、金剛院で修行をつんだものだけに与えられるものなのです。琉球金剛院の法会師には正三位からはじまって正二位、一番上が正一位。その順によって水晶玉が大きくなる。私は正一位ですから、直径三センチの御魂。これが、金剛院流としては一番大きいものです。水晶玉はね、中に気を貯えてコントロールするためのものだとされているんです。

そして、お札を用意します。ここには呪詛《じゅそ》の対象になっている人の名前を書きます。この場合、島本鈴江、島本香奈江。これは本人の直筆でなければならない。これを半紙に書いて、お札として、水晶玉の脇に置きます。本来の沖縄の方式ですと、半紙ではなく、羊の皮をなめしたものに書きます。

島本鈴江

島本香奈江

半紙に、ふたりに直筆で自分の名前を書いてもらって、仏壇の前に置いた水晶玉の左右に並べました。

御神酒《おみき》の盃《さかずき》を二つ。それに普段、鈴江、香奈江が使っているお茶碗《ちゃわん》か湯飲み。

そしてこの日のために琉球金剛院の本山からお借りしてきた破邪の剣《つるぎ》というのをお奉りしました。これは特別なものでしてね、チベットのお坊さんが持つ剣に似ています。おそらく、琉球金剛院の原型がチベットの降霊術から来ているからなのでしょう。

そうして、関係者に入ってもらいます。

まず、仏間に入る前に、御神酒を一口ずつ飲んでもらいます。これは白い盃で。当家にそれを人数分用意してもらうわけです。だからそれ以外の人は、このお祓いは受けられない。私と、スタッフは朱塗りの盃で回し飲みをします。これは一丸となるという意味です。もっとも原田も里崎もいないので、私と久保川のふたりで飲みました。

そうして、カメラは三脚に設置して、回しはじめました。

続いて結界を張ります。

沸騰したお湯に塩を入れて、また沸騰させます。この熱湯の中につけた榊《さかき》を持って、バサバサと部屋の四隅を祓います。これを金剛縛りといって、結界張りを意味します。

仏間に入ったのは、父親、母親、鈴江、香奈江。それから、鈴江の婚約者も来ていました。サトシという男。まだ若くて茶髪の、金持ちのボンボンといった感じでしたね。

男は半跏《はんか》座り、女は正座で座ってもらいます。半跏というのは片膝《かたひざ》を立てる格好でね、沖縄式です。

仏壇の扉は開けて、灯明に灯を入れ、お線香を薫《た》く。

――はじまります。

まずは、私が観音経《かんのんぎょう》を唱えます。

唱えだしたら、雨が降ってきました……。いい日和だったのですがね。

このお経は、琉球梵語というやつで、サンスクリット混じりなんです。

その内容を簡単に説明しますと、神仏の起請文からはじまって、現世の、いまお祓いを受けている人たちに憑《つ》いている、あらゆる邪悪なものを取り除くというものです。それが人の念であるならば、より強く経文を唱えます。これがリズムを生むんですが、その音の波動が除霊に効くとされているのです。ここもチベットの除霊の方式に似ているところですね。

ところで……。否定論者だった私が、祟《たた》りを確信するようになった、と言いました。その上で、経典を読みながら素直に感じたことがあります。いや、すうっと身体に入ってきたものがありました。それが、私の中でざわめいた。

それは――。

鈴江と香奈江が成したと思われる蠱《こ》といい、沙代子が成した貴船の呪詛といい、これだけの強烈な祟りをしたのなら、それはそれぞれの先祖の闇の部分を吸収してしまうことがあります。特に沙代子の念は稀《まれ》に見る強烈なものです。闇の吸収もそれだけ強い。こうなったら、もう、本人だけの恨みつらみでは収まらなくなる。中でも、なまなりさん、というのは一番よくない。邪悪の極みです。これは呪殺霊《じゅさつれい》です。

呪殺霊――あまり聞いたことないでしょう。これは天台の教えの中にもある言葉です。金剛院の教えの中では自殺者の霊は残るとされています。天へ行かずに残っている。その中でも、恨みの念を強く持っている霊がある。それが恨みの対象となる者を呪い殺すことがあると……。この別名が「なまなりさん」なのでしょう。

古来、日本の能をはじめとする芸能や伝承に〝なまなり〟の名前が出てきます。これは、鬼女と化す前。半分鬼になった形。沙代子は自殺する前に、ずっと呪詛を繰返していました。しかし、この恨みがあまりに強いと、たとえ、呪った人物が死んでしまっても、この念だけは、その人物が生きていたときと同様な力を持って存在し、なかなか減退しません。いや、それどころか、この念が恨みをもって死んだ多くの先祖たちの霊を集めて、より強大化することだってあるのです。島本家と母親の家系、その先祖たちの祟ろうとする、あるいは祖先を祟ろうとする、恨みや怨念《おんねん》が、〝なまなり〟と化して、沙代子の怨霊に、おそらく相乗したのです。

つまり、なまなりさんとは、沙代子の怨念だけを指すのではなく、複合的なものだということです。

読経《どきょう》の最中に異変がおきました。

鈴江の婚約者のサトシの身体が、急に前後にゆらゆら揺れだしました。そして、「わあああっ」と頭を掻《か》きむしったかと思うと、今度は首を掻きむしっている。いったい何を見たのでしょうか。

「こんな怖いもん、イヤだ、こんな怖いもん、イヤだ」と叫びはじめまして……。彼には関係ないことですし、部屋から出てもらいました。彼に何かあっても責任持てませんから。

お経そのものは、三十分ほどで終わります。

その後は、全員仏間から出てもらい、部屋を閉めきって空《から》にします。こうして、邪気が完全に逃げていくのを待つんです。数時間から、長いときで一日。この間、誰も入ってはならない。このときはカメラだけ残しました。

ところが——読経が終わると、仏壇の前の水晶玉に何かが映り込んでいたのです。

「おい、水晶玉がおかしい」

そう言うと久保川が、モニターを見ながら直結しているカメラのレンズをズームしました。

「人の、顔ですよ」

「顔？」

よく見ると、水晶玉の中に顔がある。

男の顔です。よく見ると落ち武者のような顔。それが消えて、また別の男。これも落ち武者のように見えます。

そこにいた、みんなの眼がモニターに釘《くぎ》づけになりました。

武者の顔が消えて、今度は若い女の顔が出た。

その途端、鈴江と香奈江が「沙代子！」と、悲鳴をあげた。

奥さんも、突然、胸を押さえて、脂汗を出している……。

確かに、この女の顔が一番ハッキリ見えた。水晶玉は小さいものなので、確かに似ていた、とは思いましたが、ちょっと私にはなんとも言えません。ただ、さっきの武士よりは怨念というか、邪悪な強さというのは、強烈に感じました。

若い女が消えると、代わって老婆の顔が現れた。これが、顔が半分しかない……。壊れた顔です。

その老婆が消えると、もう何も映らなくなった。

「うわっ！」

我に返ったみんなは腰を抜かさんばかりに仏間から退散しました。

おそらくあれが、なまなりさんの顔ですよ。

さっきも言った通り、一度出ると、仏間にはしばらく入れません。閉め切って浄化するのを待つんです。

そのあいだ、みんなで近くのスナックへ行って飲みました。

ビデオカメラは仏間で回しっ放しのまま。

電話がつながったんです。

「伊東さん、ありがとうございました」

両親や鈴江からもお礼を言われましたが、安心するのは禁物だと忠告しました。

とにかく、あれだけの怨念、執念、恨み、つらみ、呪い、祟り、いろんなものが集積していたのだから、そう簡単には消えないし、たとえ消えても、復活しないとも限らない。ともかく、人の業は恐ろしく、哀れなもんなのだと……そんな話をしました。

でもね、本音をいうと、「こんなんじゃ、ダメだな」というのが実感です。

ほかに手をうたないと、まずいことになるって、思ったのです。

だからといって、これ以上手の施しようがないというのが、正直な気持ちでした。

翌朝、島本家に入ってみると空気が違う。柔らかい。

じくじくしていた畳の感触も、家中にあった妙な黒い染みも、心なしか減っている。

腐臭もなくなって、杉の香りがまた鼻をこすってきてる。

「邪気がなくなったみたいですね」

ホテルから戻ってきた原田と里崎も、家を見回しながら言っている。

私は、仏壇の前に奉った水晶や半紙、御神酒《おみき》を片付けようとして、ハッとしました。

御神酒の盃《さかずき》の中に、血が混じっていたのです。

「誰の血ですか？」

久保川に聞かれたけども、わからない。

御神酒に血が入るわけがない……。

回し放しだったカメラを止めて、何か映ってないかチェックしました。

テープを替えることができなかったので一本分とはいえ、全部見るのは大変です。詳しく見るのは東京に帰ってからにしたのですが、やっぱりカメラマンの久保川は責任上、早送りしながら見ている。まあこの件に関しては、何度も機材が動かなくなったり、信じられないミスが続出してたりしましたから……。

カメラはフィックスで三脚に備えたままでしたので、基本は真っ暗な仏間の中の仏壇と、蠟燭《ろうそく》の灯しか映っていないんですけれども。ところが――。

「伊東さん、これ……」

「なに？」

蠟燭の炎が、ゆらゆら揺れているのです。閉め切った仏間ですよ。何泊もしましたけれど、隙間から風が漏れてきたことなんてなかった。なのに、蠟燭の灯が、たまに風に煽《あお》られたように動いたり、消えかけたり、ボッと勢いを増したりします。

そして、これは東京に帰って、詳しく見ていて気がついたのですが、あの白い煙のようなものも、ちゃんと映っていた。ただ、それは仏壇からじゃない、カメラの後方斜めのあたりから漂っているように見えた。

後で聞いてみると、カメラの後ろにあたる場所は、たまに鈴江が寝ていたところでした。彼女は怖いことがあったら部屋を抜け出して、仏間に寝ることがよくあったそうです。そこで寝ると、先祖霊が守ってくれるような気がしたというのですが。

そこから出ていた……。


ともかく、私のできることはここまででした。

できればみんな、普通の状態に戻って、普通の生活をしてほしいと。

健治と今日子は、その翌年に結婚しました。

沙代子の七回忌も過ぎ、お祓《はら》いも済んだので、ふたりは一応けじめはついたと思ったのでしょう。いまは今日子の郷里のある北海道の根室に住んでいます。

そして、鈴江とあのサトシという男、このふたりも結婚したという報告を受けました。披露宴にも招待されましたが行けませんでした。でも、それぞれに幸せになってもらいたかった。そうならないとあまりに哀しいです。そう思っていました。


ところが除霊をした年の晩秋……、つまり、沙代子の八回忌も近づいた頃です。

島本の父親から電話があった。

「どうしたんです、お父さん」

「昨夜、一家が、全焼しまして……」

そりゃ、驚きました。

聞くと、父親はそのとき、留守にしていたらしい。その間に出火して、帰ってみたら、もう何もかも、みんな燃えてしまっていたというんです。

現場には、消防隊も出て、もちろん野次馬がたくさんそれを見ていました。

その人たちから父親が聞いたのは、火はあっという間に燃え広がって、その火の中に、一旦《いったん》避難していた奥さんが、何かに憑《つ》かれたように飛び込んだ、というのです。

そして、香奈江も続いて飛び込んだと……。

「香奈江も妻も焼死体で見つかりました。これからふたりを葬ってやらなければなりません。でもね、香奈江も妻も、もちろん私も、もう、あの島本家の墓に入る気はありません。別のところに葬ってやりたいと思っています」

「鈴江さんは？　鈴江さんは、ご無事ですか？」

「鈴江は……」

「鈴江さん、結婚したって……。お元気なんですか？」

鈴江はあれから、流産してしまったそうです。そのショックからか、行方不明になっていると言う。そして、流産した直後に離婚したらしい。

母親は、その頃から様子がおかしくなっていたようです。来客もないのに、お客様が来たわよと、ひとりで接待したり、誰もいないのにニコニコと会話をしている……。一時、入院していましたが、手の施しようがないと言われて、自宅で静養させていたそうです。原因はわからないとのことでした。

そして昨夜の火事です。

「ふたりとも、火を使えるような状態じゃなかったんですが……とにかく、島本家で残ったのはもう、私だけになってしもうて」

「お父さんはこれからどうなさるんですか」と聞くと、もう新潟には戻らないと言う。

「私はこれから北海道へ行って、沙代子さんのお墓をお参りしようと思っています。沙代子さんの供養をさせていただいて、それから先のことは……。いや、本当に伊東さんには娘ともども、お世話になりました。改めてお礼申し上げます。それではお元気で、じゃあ……」

――これが、父親との最後の会話でした。

長野に私の仕事仲間がいたので、ビデオカメラを持って、新潟の火事を取材してもらったんです。警察に問い合わせたら、出火原因は不明だったそうです。やっぱり、原因となる火の気がなかったらしい。それで、ほんとにあっという間に、あんな大きな家が工場もろとも、完全焼失したらしい……。近所の人たちに話を聞いて回ったら、「あそこは祟《たた》られとったからな」とか、「一代で財を成したのだから、しょうがないんじゃないの」という反応だったらしくて。

ただ当時、火事を現場で見たという人たちは口を揃えて、恐ろしいものを見たと言うのです。奥さんと香奈江は、燃え盛る家の中に吸い寄せられるように入っていき、しばらくして、女の高笑いが炎の中から聞こえてきたと……。

その直後、家が崩れ落ちた。

「あの声は、耳から離れない……」と話していたそうです。

その後、父親は根室に現れて、沙代子の供養を申し出たけれど、沙代子の実家の人たちは、怒って追い返したと聞きました。

その後の父親の足取りは、まったくわかりません。いま、どこで、何をなさっているのでしょうね。それに鈴江も――。

まだ三十半ばの女ざかりです。生きていれば……ですけど。

ここまで語ってきた伊東氏が、私の眼を真剣に見つめて言った。

「これが、私が見て、聞いた、すべてです。いま、健治と今日子は根室で生活しています。実は、昨日ふたりに電話してみました。そしたら、もうあれは忘れたいから、そっとしておいて欲しい。自分たちはいま、幸せに暮らしている。兄貴の頼みだったらなんでも聞くけど、それだけは勘弁して欲しい、と言われました。そういえば、健治と今日子には二歳になる子供がいるんですよ。写真を送ってくれましてね。見たら、今日子そっくりの女の子です。でもね、見方によれば沙代子に似ている……。沙代子と同じように口の右下に小さなホクロがありますから。いや、まさか、とは思いますがね……」

「伊東さんは、このことを映画化しようとしていたのですね」

「そうです。いま考えると、うちの若いスタッフが事故にあったり、うちの女房が心臓病で倒れたりしたのも、沙代子の九回忌にあたる前後でしたからね。そして、その後、私も島本の父親同様、何もかも失ったんです……。節目節目で、沙代子は出てくるんですよ、昨日が十回忌……もう九年です」

あっ、そろそろ時間ですよね、そう言って伊東氏は、私の前に封筒を置いた。

「私はこれから仕事なんです。映画製作の仕事を再開しましてね。千葉でロケです。お約束していたものは、お渡しします。なまなりさんに関する資料は、もう、これだけしか残っていません。全部お渡ししますので。それでは、お気をつけて……」

伊東氏は、喫茶店を出ると、そそくさとその姿を雑踏の中に消した。

封筒の中を見ると、さらに小さな封筒と一枚のＤＶＤが出てきた。

ＤＶＤにはマジックで「島本家菩《ぼ》提《だい》寺ロケ＆なまなりさん」とある。

小さな封筒を開けると、一枚のモノクロ写真が入っていた。

ベビーベッドの枠を持って座っている赤ん坊と、その後ろに髪をといている和服姿の女が写っている……。

後日談

『怪異実聞録 なまなりさん』が最初に出版されたのが二〇〇七年六月十五日、メディアファクトリー「幽ブックス」からであった。二〇〇九年六月二十五日には文庫化され、MF文庫ダ・ヴィンチとして出版された。この文庫本にはじめて「あとがき」なるものを書かせていただいた。

そこでこう私は記している。

「登場人物の名前はすべて仮名です」と。伊東礼二《いとうれいじ》という名も私の創作である。もちろんそれに該当する人物は存在しているし、私が見たこと、聴いたことはなるべく忠実に、あったことをそのまま書き記したつもりである。この本が出版されたのち、伊東礼二という人間についてネットでいろいろ噂されていたようだが、そこは私の関知するところではない。

だが、伊東氏が帝国ホテルの会場を借りて、会社設立と『なまなりさん』の映画化決定の大パーティーを開催し、配給元となるはずだった松竹映画のプロデューサー、有名な俳優やそのマネージャー、音楽家などが集まった盛大なものであったことは事実だし、それから半年間の間にその全てを伊東氏が失ったのも事実であった。呪い、というものは、島本鈴江《しまもとすずえ》、香奈江《かなえ》姉妹もそうだが、対象者に与えるだけ与え、そしてゴソッと全てを奪う。そういう残酷なものだとも知った。

また、鈴江、香奈江姉妹も特定できないよう名前も容姿も変えてある。美人であることには違いない。

当時「実聞録」としたように、あくまで起こった事件や怪異はなるべく脚色はせずに表現したが、人物特定にはつながらないように工夫がしてある。よって、これを読んで、その通りの人物を捜してもいるはずがない。ただ、本人がそれを名乗ればそれは別のことになる。

さて、これも文庫本のあとがきに書いたが、『なまなりさん』の原稿が出来上がった頃、島本の姉妹、鈴江、香奈江のお父さんが、伊東氏をひょっこり訪ねて来たという。

げっそりと痩《や》せて、最初は誰かわからないほどの風貌《ふうぼう》だったらしい。

聞けば、あれからお父さんは四国の修行寺で出家し、あらゆる欲望を絶ったといい、もう日本にいることは出来ないので、明日《あした》には日本を出てペルーに移住する。二度と日本には戻らないと言ったという。その時「鈴江は行方不明のままですが、もう死んでいるでしょう。島本家で生き残ったのは私だけになりました。私が死ぬと島本家は滅びます。それでいいと思います」とも言い残したという。伊東氏が「お父さん、あのことが本になりますよ」と伝えたところ、「ああいうことが実際に起こるんだという現実を、他の人々には知ってほしいという気持ちはあります。だから、本になることはよかったと思います」と話したそうだ。

また、本が出版された時、私は伊東氏に五冊献本したが、その一冊は、根室《ねむろ》に住んでいた健治《けんじ》、今日子《きょうこ》夫妻に送られたらしい。その健治氏から感想の電話が、伊東氏のもとにあったとも聞く。「本、読みました」という報告だったという。

「中山さんとはお会いもしてないし、取材を受けるつもりもありませんでした。しかし、ここに書かれてある事は、まさにこの通りの事でした。読んでいて涙が出ました。両親もこれを読んで、これで沙代子《さよこ》もやっと救われたんじゃないかと言っています。そしたらまた、家族で涙しました。ただ、今となっての心残りは、本のラストにあるように、北海道まで訪ねて来た島本家のお父さんを追い返してしまったこと。あの時は気持ちが高ぶっていて、冷静な判断ができなかったけれど、ちゃんとお話を伺っておくべきだったと思います。

本はもう一冊買いました。一冊は、沙代子の墓に入れてやります。お前のことが本になったよと。そのための奉納を今度の日曜日にします。きっと沙代子の供養になると思います。

ありがとうございました。兄貴の方から、中山さんにそうお伝え下さい」

そういう内容だったそうだ。

伊東氏とはその直後から連絡が取れなくなった。『なまなりさん』に関する話を私に提供したところで、彼自らが私の前からフェードアウトしていったと思えてならない。

呪いは、証言者を残す。この本がその証言の記録である。

さて、『怪異実聞録　なまなりさん』は、話が話だけに、これは創作ではないか、あるいは、何のかんのと言いながら中山は無事という事は、盛ったのではないかというネットでの反響があったようだが、書いたことは事実である。

逆に、あんなものを書いて、ホントに大丈夫ですか？　なんか異変が起こっていませんか？　祟《たた》られていませんか？　という電話やメールが多く寄せられた。

北野誠《きたのまこと》さんからもこんな電話を戴《いただ》いた。

「なまなりさん、読んだわ。読んだら中山君は大丈夫かなって心配になって。えっ、何もない？　後で来るでこれ。それにこれがもし映画化されたら、絶対にスタッフに何か起こるで」と。そういえば文庫の『なまなりさん』の解説は、北野誠さんにお願いするつもりだったのだ。その頃、北野誠さんが「この前ある霊能者にみてもらうことがあってな。そしたら今後、よくないことが起こる。こんな人と関係ありますかって人相言われたけど、それ、どうも中山君に似てるねん」ということを言っていた記憶がある。

そして解説が北野さんに決定して、編集部から連絡を取ってもらった。ところが、編集部から「連絡が付きません」と電話があった。私が彼の携帯電話に連絡を取るとつながったが、こう言われた。「ごめん。まだ未発表やけど、俺、芸能活動、謹慎になると思う。近く発表があるはずや。だから解説は別の人に依頼してくれへんか」

その三日後、北野さんは謝罪会見をして、一年弱の芸能活動の謹慎となった。

当時、私はこの原稿をワープロで書いていた。

ところが『なまなりさん』の原稿を書いている時に限って、ワープロが勝手に起動し、『新耳袋』の「真夜中のプリント・アウト」そのままの現象が起きたりした。それに書斎の照明が勝手に点《つ》いたり消えたりもする。

ある夜、私の事務所に、雑誌やムック本などを企画、製作する編プロの人が訪ねて来た。打ち合わせをしている最中、「先生の書斎って、感知式ですか？」と言う。

私も気づいていた。本棚で仕切った向こうの電灯がそこから見える。そこは私の作業場で、ワープロがある。その蛍光灯がさっきから、点いたり消えたりを繰り返している。

「部屋の電気が感知式って、おかしいやん」

私がそういうと「そうですよねえ」と彼は訝《いぶか》しそうな表情をする。すると今度は、カチッ、ジーッ、ワープロが立ち上がる音もする。

「先生、今、ワープロが立ち上がる音がしましたよ。誰かいてはります？」

「いや、いてないよ」

「ですよね。あ、何かプリントアウトしはじめましたよね」

「そうやね……」

「あ、なんか今、ヤバイ原稿書いてます？」

「実は『なまなりさん』という呪い、祟りが発動するという原稿を書いててな……」

「あっ、そういうことですね。じゃ、私、このへんで帰ります」

「ちょっと待て！」

そう言って彼を引き留め、その夜は朝まで二人で飲んだという事があった。さすがの私もひとりでそこにいることが出来なかったのだ。また、寝ようとしたら布団がびしょ濡《ぬ》れの状態になっていたり、作業机の引き出しを開けると、水が溜《た》まっていたということもあった。

そんな現象も『なまなりさん』が脱稿するとピタリと起こらなくなったのである。

今年の七月のある夜のことである。秘書と電話で打ち合わせをしていると「先生、今日変なことがありました」と言う。風呂《ふろ》に入ろうとして、バスタオルを手に取るとぐっしょり濡れていたという。それも、何枚も積み重ねていたバスタオル、全部がそういう状態だったというのだ。

「バスタオルが全部濡れてるということは初めてだし、濡れる原因もみあたらないんです。これってなんでしょう？」

「それって、何時ごろ？」

その時間だった。KADOKAWAの担当編集者から電話があったのだ。

「中山さん、『なまなりさん』、うちのホラー文庫からの復刊が決まりました」

本書は、二〇〇九年六月にMF文庫ダ・ヴィンチより刊行された『怪異実聞録　なまなりさん』を加筆・修正のうえ、改題したものです。

なまなりさん

中山市朗《なかやまいちろう》

角川ホラー文庫　23473

令和４年12月25日　初版発行
令和６年９月25日　10版発行

発行者———山下直久
発　行———株式会社KADOKAWA
〒102-8177　東京都千代田区富士見2-13-3
電話 0570-002-301（ナビダイヤル）
印刷所———株式会社KADOKAWA
製本所———株式会社KADOKAWA
装幀者———田島照久

●お問い合わせ
https://www.kadokawa.co.jp/（「お問い合わせ」へお進みください）
※内容によっては、お答えできない場合があります。
※サポートは日本国内のみとさせていただきます。
※Japanese text only

ISBN978-4-04-113217-3　C0193　◆◇◇

角川文庫発刊に際して

角川源義

第二次世界大戦の敗北は、軍事力の敗北であった以上に、私たちの若い文化力の敗退であった。私たちの文化が戦争に対して如何に無力であり、単なるあだ花に過ぎなかったかを、私たちは身を以て体験し痛感した。西洋近代文化の摂取にとって、明治以後八十年の歳月は決して短かすぎたとは言えない。にもかかわらず、近代文化の伝統を確立し、自由な批判と柔軟な良識に富む文化層として自らを形成することに私たちは失敗して来た。そしてこれは、各層への文化の普及滲透を任務とする出版人の責任でもあった。

一九四五年以来、私たちは再び振出しに戻り、第一歩から踏み出すことを余儀なくされた。これは大きな不幸ではあるが、反面、これまでの混沌・未熟・歪曲の中にあった我が国の文化に秩序と確たる基礎を齎らすためには絶好の機会でもある。角川書店は、このような祖国の文化的危機にあたり、微力をも顧みず再建の礎石たるべき抱負と決意とをもって出発したが、ここに創立以来の念願を果すべく角川文庫を発刊する。これまで刊行されたあらゆる全集叢書文庫類の長所と短所とを検討し、古今東西の不朽の典籍を、良心的編集のもとに、廉価に、そして書架にふさわしい美本として、多くのひとびとに提供しようとする。しかし私たちは徒らに百科全書的な知識のジレッタントを作ることを目的とせず、あくまで祖国の文化に秩序と再建への道を示し、この文庫を角川書店の栄ある事業として、今後永久に継続発展せしめ、学芸と教養との殿堂として大成せんことを期したい。多くの読書子の愛情ある忠言と支持とによって、この希望と抱負とを完遂せしめられんことを願う。

一九四九年五月三日

怪談狩り

市朗百物語　赤い顔

中山市朗

あなたの町が舞台かもしれない……

怪奇蒐集家・中山市朗が満を持して放つ、本当に怖い話だけを厳選した百物語、第二弾！　逆さに連なる首を切られたカラスの死骸、お札を貼られた井戸に潜むモノ、誰もいないはずの学校に現れる赤いジャージの少年、深夜の霊園からかかってくる電話……。「霊感はない」と断言する著者が、いわくつきのログハウスで行った怪談会の顛末や自宅で遭遇した怪異も収録。日常の風景がぐらりと揺らぎ、忌まわしいものが忍び寄る——。

角川ホラー文庫

ISBN 978-4-04-105215-0

怪談狩り

禍々しい家

中山市朗

そのドアを開けてはいけない……

怪奇蒐集家・中山市朗が狩り集めた戦慄の建物怪談。人の気配がない角部屋から聞こえる妙に大きな生活音、引っ越し先で見つけた不気味なビデオテープ、誰もいない子ども部屋で突然鳴りだすおもちゃの音、夜の駐輪場の地面に這うモノ……。「新耳袋」で話題騒然、今もさまざまな憶測を呼ぶ「山の牧場」の、ここでしか読めない後日譚6話も収録。どの町にもある普通の建物が、異様なものを孕む空間かもしれない。文庫オリジナル。

角川ホラー文庫

ISBN 978-4-04-105734-6

怪談狩り

黄泉からのメッセージ

中山市朗

死んでも、伝えたいことがある――

あの世からのメッセージは、さまざまな形でこの世に出現し、私たちに語りかけてくる――。親族に不幸があるたびに夢枕に現れる生首、幼い子どもをひき逃げした犯人を捜し求める刑事が見つけた金属片、夜道に佇む男の子が手にした新聞紙、「俺は16歳までに死ぬ」が口癖だった同級生の家を代々襲う数奇な運命……。日常に潜む小さな違和や怪異を丁寧にすくいあげる。「新耳袋」の著者が全国から蒐集・厳選した、戦慄の怪談実話集。

角川ホラー文庫

ISBN 978-4-04-107189-2

ISBN 978-4-04-108324-6